LEOPOLD

MEISTERWERKE AUS DEM LEOPOLD MUSEUM WIEN

RUDOLF UND ELISABETH LEOPOLD

LEOPOLD

MEISTERWERKE AUS DEM LEOPOLD MUSEUM WIEN

Herausgegeben

von Rudolf Leopold und Romana Schuler

LEOPOLD MUSEUM DUMONT

Der Katalog erscheint anlässlich der Eröffnung des Leopold Museum, Wien, am 22. September 2001.

Herausgeber für die
Leopold Museum Privatstiftung:
Rudolf Leopold
Romana Schuler

Redaktion:
Romana Schuler

Redaktionelle Mitarbeit:
Birgit Laback
Sandra Tretter

Registrar:
Nicola Mayr

Restauratorische Betreuung:
Manfred Siems
Helga Rosenberger

Fotografie:
Angelo Kaunat, Wien; Fritz Simak, Wien; Margherita Spillutini, Wien; Rupert Steiner, Wien; Archiv Rudolf Leopold, Wien; Archiv der Leopold Museum Privatstiftung, Wien.

Umschlagabbildung:
Egon Schiele, Selbstbildnis, 1910
(vgl. Abb. 158)

Für den Inhalt verantwortlich:
Leopold Museum Privatstiftung
Museumsplatz 1
A-1070 Wien
+43.1.52570-0
+43.1.52570-1500
www.leopoldmuseum.org

Lektorat:
Carmen Söntgerath
Uschi Baetz

Gestaltung:
Silvia Cardinal

Produktion:
Peter Dreesen
Matias Möller

Reproduktion:
Litho Köcher, Köln

Satz und Druck:
Rasch, Bramsche

Buchbinderische Verarbeitung:
Bramscher Buchbinder Betriebe

Die Deutsche Bibliothek –
CIP-Einheitsaufnahme

Leopold. Meisterwerke aus dem Leopold Museum Wien: [anlässlich der Eröffnung des Leopold Museum, Wien, am 22. September 2001] / hrsg. von Rudolf Leopold und Romana Schuler.
– Köln, DuMont, 2001
ISBN 3-7701-5847-4

ISBN 3-7701-5847-4

Printed in Germany

INHALT

GRUSSWORT

Kataloge, die aus Anlaß von Ausstellungen erscheinen, sind meistens schon für sich kleine Kunstwerke. Ein Katalog, der aus Anlaß der Eröffnung eines Museums erscheint, ist daher etwas Besonderes.

Mit der Eröffnung des Leopold Museum im MuseumsQuartier Wien ist ein weiterer wesentlicher Meilenstein in der Verwirklichung des Stiftungszweckes der Leopold Museum-Privatstiftung erreicht. Die wunderbare und in ihrer Art einzigartige Sammlung des Ehepaars Leopold hat nun das ihr gebührende Heim erhalten. In den großzügigen und lichtdurchfluteten Räumen des neuen Museumsbaus wird die Sammlung der Allgemeinheit erstmals in einer ständigen Ausstellung zugänglich gemacht.

Ein bedeutender Schatz österreichischer Kultur wird so der interessierten Öffentlichkeit des In- und Auslandes erschlossen.

Danken darf ich an dieser Stelle nicht nur dem Stifter Prof. Dr. Rudolf Leopold, sondern auch all denen, die an der Verwirklichung der Idee einer Privatstiftung zur Bewahrung und Erschließung dieses kulturellen Erbes für Österreich ihren Anteil gehabt haben.

Dazu gehören das Ehepaar Leopold, das durch seine großzügige Stiftung den Grundstein für dieses Museum gelegt hat, die Oesterreichische Nationalbank, die mit ihrer finanziellen Unterstützung die Stiftung ermöglicht hat, und der österreichische Steuerzahler, dem es letztendlich zu danken ist, daß die Sammlung ein neues und würdiges Heim erhalten hat.

Zu danken ist aber auch meinem Vorgänger Herrn Vizekanzler Dr. Erhard Busek und den Mitarbeiterinnen und Mitarbeitern meines Hauses, von denen ich stellvertretend Herrn Sektionschef Dr. Franz Loicht erwähnen möchte.

Ich darf der Leopold Museum-Privatstiftung für ihre weitere Tätigkeit im neuen Haus viel Erfolg wünschen und die Anerkennung, die Sammler und Sammlung verdient haben.

Elisabeth Gehrer
Bundesministerium für Bildung, Wissenschaft und Kultur

ZUM GELEIT

Eine der kulturellen Hochblüten in der Malerei und der bildenden Kunst in Österreich ist um 1900 zu sehen – eine Zeit, die man auch international im besonderen mit Österreich und österreichischen Künstlern verbindet. Protagonisten wie Egon Schiele, Gustav Klimt und Koloman Moser gingen einen eigenständigen künstlerischen Weg, schufen eine unverwechselbare Form und prägten mit ihren Arbeiten den Aufbruch in die Moderne. Diese spezifisch österreichische Kunst ist in der Sammlung Leopold einzigartig und in allerhöchster Qualität vertreten. Die Oesterreichische Nationalbank (OeNB) unterstützt das Anliegen der Wahrung dieses nationalen kulturellen Erbes und leistet damit einen Beitrag zur österreichischen Identität und Kulturgeschichte. Besondere Bedeutung mißt sie in diesem Zusammenhang der öffentlichen Zugänglichkeit der Sammlung Leopold bei.

Wie so oft besteht auch in diesem Zusammenhang eine unmittelbare Wechselwirkung zwischen Geben und Nehmen. Seit Gründung der Oesterreichischen Nationalbank wurden für die Zahlungsmittelproduktion insbesondere Anleihen aus der Welt der Kunst genommen, wodurch sich die Notenbank der Kunst und den Künstlern in Österreich immer verbunden zeigte. So wurden für die Banknotenherstellung vielfach Motive aus Kunst und Wissenschaft verwendet. Viele bekannte österreichische Künstler haben Entwürfe und Motive für unsere Banknoten geliefert, wobei jene aus der Zeit des Jugendstils zu den schönsten und künstlerisch wertvollsten gezählt werden. Es überrascht daher nicht, daß die Banknotenentwürfe von Gustav Klimt und Koloman Moser heute zu den am meisten bewunderten Exponaten des Kunstarchivs der OeNB gehören.

Mit der Bewahrung dieses kulturellen Erbes unterstreicht die Oesterreichische Nationalbank zudem jene Werte, die seit langer Zeit und erfolgreich ihr Leitbild bestimmen: nämlich Stabilität, Sicherheit und Vertrauen. Durch ihre Förderung von Wissenschaft und Kultur trägt die OeNB dazu bei, daß wertvolle Traditionen der österreichischen und damit auch europäischen Geschichte weiterleben. Auch in der Währungsunion widmet sie sich als gleichberechtigte nationale Zentralbank im Europäischen System der Zentralbanken bewußt diesen Aufgaben und leistet so einen über die nationalen Grenzen hinausreichenden Beitrag zur Wahrung der Identität Österreichs – einer Identität, die untrennbar mit seinem kulturellen Erbe verbunden ist.

Dr. Klaus Liebscher
Gouverneur
Oesterreichische Nationalbank

LEOPOLD MUSEUM

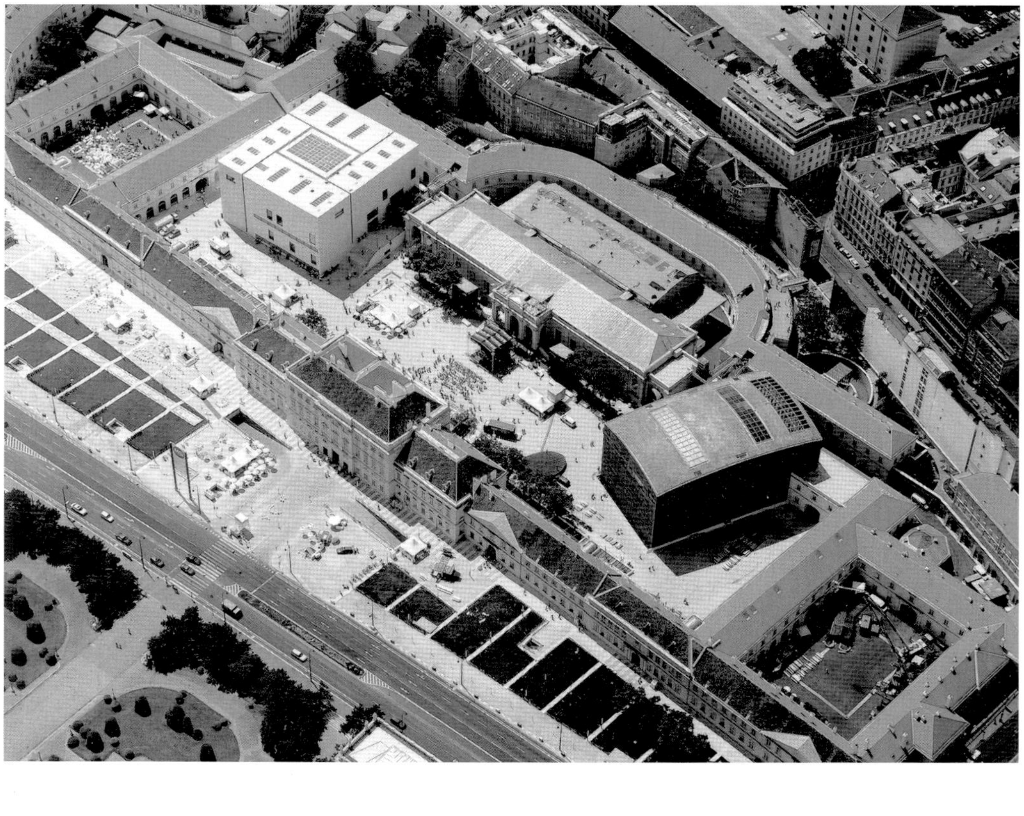

MUSEUMSQUARTIER,
WIEN

VON DER PRIVATSAMMLUNG ZUM SAMMLERMUSEUM

ROMANA SCHULER

»Dem Nichts etwas entgegenhalten,
eine Spur hinterlassen!«
Kurt Absolon

Dieser Ausspruch des österreichischen Künstlers Kurt Absolon (1925–1958), der bei einem Unfall in jungen Jahren ums Leben gekommen ist, war für Rudolf Leopold nicht nur Motivation und Erklärung für sein Sammeln, sondern ermutigte ihn auch, die Sammlung in eine Institution einzubringen, um sie auf Dauer zu erhalten, öffentlich auszustellen, zu erforschen und zu erweitern.

SAMMLER UND PRIVATSAMMLUNG

Privatsammlungen zählen nach wie vor zu den wichtigsten Bausteinen im Kunstbetrieb, denn ohne die Sammler und deren Schätze wären die Museen wahrscheinlich nicht annähernd gefüllt. In einem 1925 entstandenen Aufsatz des Kunstkritikers Hans Tietze zum Thema »Moderne Kunst und Kunstmuseum« taucht die Frage auf: »Wann ist der Moment, wo das Werk über die Schwelle des Musealen tritt?« Tietze deutet an, ein Kunstwerk sollte, bevor es »in die Perspektive der Ewigkeit«, also in ein Museum, übergeht, eine Historie durchlebt haben.[1] Im Fall der Sammlung Leopold wird diesem Gedanken Rechnung getragen. Der Sammler bewahrte die Kunst zunächst im eigenen Haus auf oder gab sie als Dauerleihgabe in Museen. Zeitweise mußte er sie als Rückversicherung für Kredite seinen Banken überlassen. Vor allem aber hat Rudolf Leopold mit seinen Kunstwerken gelebt – anders ausgedrückt, die Kunstwerke »partizipierten« an seinem Leben.

Der Privatsammler ist ein Unabhängiger, der einer individuellen, eigenen Logik des Sammelns folgt. Das hat den Vorteil, daß er sammeln kann, was ihm gefällt. Die Sammlung nimmt somit einen eigenen, sehr individuellen Charakter an. Der Sammler wird zum Spezialisten seiner Sammlungsgebiete, er wird zum Connaisseur, der die Augen des Kenners besitzt.[2] Diese Erkenntnis findet unmittelbar ihre Bestätigung, wenn man auf Professor Dr. Rudolf Leopold trifft. Im Vordergrund der Medienberichterstattung und in der Öffentlichkeit stand und steht naturgemäß die Persönlichkeit des charismatischen Wiener Sammlers. Dessen Bemühungen, seine Sammlung an einem musealen Ort für Kunstbegeisterte zugänglich zu machen, nahmen mehr als zwanzig Jahre in Anspruch. Über ein halbes Jahrhundert hat der Aufbau dieser einzigartigen Kunstsammlung gedauert, er war verbunden mit zahlreichen Entbehrungen, mit finanziellen Risiken und Sorgen. Das Ehepaar Rudolf und Elisabeth Leopold hat, anstatt ein mondänes Leben zu führen, viel Zeit und Energie auf das Sammeln von Kunstwerken verwendet. Mit unglaublicher Zielstrebigkeit und Beständigkeit hat Rudolf Leopold unbeirrt diese kostbare Sammlung zusammengetragen, die sich im wesentlichen auf die Kunst des österreichischen Expressionismus konzentriert – vor allem auf den Künstler Egon Schiele.

LEOPOLD MUSEUM-PRIVATSTIFTUNG

Zur Realisierung des Leopold Museum wurde ein eigenes Gesetz, die »Lex Leopold«, im Parlament beschlossen. Vor sechs Jahren einigte sich der Sammler mit den Vertretern der Österreichischen Republik und der Oesterreichischen Nationalbank eine Privatstiftung zu gründen. Über 5.200 Kunstobjekte wurden inventarisiert (Gesamtschätzwert rund ATS 7,9 Milliarden; etwa 574 Millionen EURO), darunter über 860 Gemälde, rund 3.000 Grafiken sowie Möbel, kunstgewerbliche Objekte der Jahrhundertwende und Stammeskunst aus Schwarzafrika und Ozeanien. Mit über 220 Werken ist die Schiele-Sammlung die weltweit größte, die von nun an an einem Ort präsent sein wird. In den Stiftungssatzungen von 1994 sind die Rahmenbedingungen für Zweck und Aufgaben der Stiftung festgehalten, darunter die beiden Hauptinteressen: Bewahrung des Lebenswerks Professor Rudolf Leopolds und Erhaltung der Sammlung für Österreich.[3] Auch die Rolle von Rudolf Leopold ist in den Satzungen geregelt. Der Stifter ist Mitglied des achtköpfigen Vorstandes, drei weitere Mitglieder sind durch ihn ernannt. Er ist als Direktor für museologische Angelegenheiten auf Lebenszeit im Leopold Museum bestellt. Bei Vertragsabschluß betonte der damalige zuständige Bundesminister Dr. Erhard Busek die Bedeutung der Sammlung Leopold für die Identität Österreichs und bezeichnete sie als eine Schatzkammer des 20. Jahrhunderts.

Der nächste Punkt des Stiftungsvertrags wird durch die Eröffnung des Museums in Wien erfüllt. Schon jetzt zeichnet sich ab, daß die legendäre Sammlung der Publikumsmagnet im Wiener Museumsquartier sein wird. Als »ein Museum ohne Wände« konnte man die Sammlung Leopold bisher bezeichnen. Die architektonische Hülle für die Sammlung ist nun seit September 2001 eröffnet. Damit sind Reichtum und Vielfalt der Wiener Sammlung Leopold erstmals in vollem Umfang sichtbar, während bisher nur Teile der Sammlung in vielen renommierten Ausstellungshäusern auf der ganzen Welt zu sehen waren.

NEUBAU DES LEOPOLD MUSEUM

Neben der Planung und Organisation der externen Ausstellungen bestand die Hauptttätigkeit der jungen Stiftung in den ersten Jahren ihres Bestehens logischerweise in der Konzeption des Museums-Neubaus. Die bauliche Planung wurde im November 1997 abgeschlossen, im April 1998 erfolgte der Baubeginn im Wiener Museumsquartier.

Das Leopold Museum befindet sich im Haupthof der ehemaligen kaiserlichen Hofstallungen am Museumsplatz, in unmittelbarer Nähe der Kunsthalle Wien, der Hallen E + G (Veranstaltungshalle der Stadt Wien) und des Museums Moderner Kunst Stiftung Ludwig Wien. Hier liegt es in einem kulturell geprägten Stadtviertel zwischen dem Zentrum (mit der Wiener Hofburg und dem Natur- und Kunsthistorischen Museum) und dem 7. Bezirk (mit dem Spittelberg, der Mariahilfer Straße, dem Volkstheater und der Burggasse). Ein »Ort der kulturellen Vielfalt, des Experiments, der permanenten Aktion und Veränderung sowie der Kulturvermittlung« sollte hier entstehen, so ist es im »Mission Statement« der kulturellen Institutionen, die ihre Unterkunft im Museumsquartier bekommen haben, nachzulesen. Der Wahl für die bauliche Planung dieses neuen Kulturbezirks war ein 1986 ausgeschriebener Wettbewerb vorangegangen, der 1990 zugunsten der Wiener Archi-

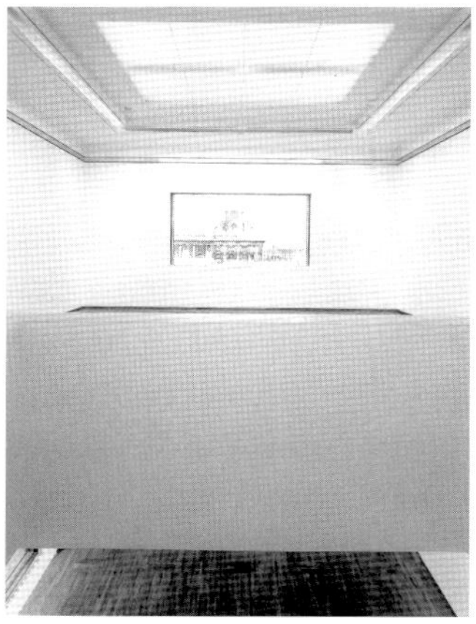

AUSSTELLUNGS-RAUM IM OBER-GESCHOSS

ATRIUM

TREPPENHAUS

tektenbrüder Laurids und Manfred Ortner entschieden wurde. Für den Umbau der ehemaligen kaiserlichen Hofstallungen wurde 1995 der Spezialist für denkmalgeschützte Bauten, Architekt Manfred Wehdorn, hinzugezogen. Das neue Museum besteht in seiner Grundform aus einem Kubus, dessen Außen- und Dachflächen mit weißem Donaumuschelkalk verkleidet sind. Der Kubus ist auf allen Seiten, vor allem aber von oben, von Maueröffnungen durchbrochen, die Lichtbahnen bis in die Untergeschosse schaffen. Das glasüberdachte, begehbare Atrium liefert das meiste Tageslicht. Von den oberen Ausstellungsräumen bieten Mauerdurchbrüche im Fußboden Einsicht und Durchblick durch die verschiedenen Etagenebenen. Im obersten Geschoß werden auf Wunsch des Sammlers Rudolf Leopold bei idealem Tageslicht die Gemälde von Egon Schiele präsentiert. Zusammen mit dem revitalisierten Altbau steht für das Leopold Museum eine Grundfläche von insgesamt 12.600 m² zur Verfügung. Der neu errichtete Baukörper mit einer Ausstellungsfläche von 5.400 m², die sich auf fünf Stockwerke verteilt, wird ausschließlich der Präsentation der Sammlung dienen, rund 900 m² sind für das Depot vorgesehen; Administration, Bibliothek und Werkstätten sind im revitalisierten Altbau untergebracht.

PRÄSENTATIONSKONZEPT

Die Eingangsebene – zugleich die symbolische Schwelle vom 19. zum 20. Jahrhundert – prägen Repräsentanten der Wiener Kunst um 1900. Arbeiten von Mitgliedern der Wiener Secession, allen voran Gustav Klimt, sowie Vertretern der Wiener Werkstätte, wie Josef Hoffmann und Koloman Moser, und des Einzelgängers Richard Gerstl empfangen den Besucher. Im ersten Untergeschoß sind Gemälde des 19. Jahrhunderts untergebracht, darunter Werke von Ferdinand Georg Waldmüller, Friedrich Gauermann, Michael Neder, August von Pettenkofen, Eugen Jettel, Emil Jacob Schindler, Carl Schuch, Tina Blau, Olga Wisinger-Florian und anderen. Das zweite Untergeschoß beherbergt die Grafikabteilung mit Blättern aus dem 19. Jahrhundert – etwa vertreten durch Rudolf von Alt – und dem 20. Jahrhundert, mit Blättern von Schiele, Klimt, Kubin und anderen. Für die Wechselausstellungen sind Räumlichkeiten im ersten Untergeschoß neben dem Auditorium vorgesehen. Erster und zweiter Stock sind den Künstlern des Expressionismus und der Zwischenkriegszeit gewidmet. Neben den Gemälden von Egon Schiele finden sich hier etwa Werke von Robin Christian Andersen, Herbert Boeckl, Hans Böhler, Josef Dobrowsky, Albin Egger-Lienz, Anton Faistauer, Gerhart Frankl, Oskar Kokoschka, Anton Kolig, Max Oppenheimer und Alfons Walde.

PERSPEKTIVEN

Die Sammlung Leopold vervollständigt die fragmentarische Präsenz der österreichischen expressiven Kunst des 20. Jahrhunderts in den heimischen Museen. Zu Unrecht vergessene und dem heutigen Publikum unbekannte Künstler, deren Werke bislang nur in Auktionen und Galerien gehandelt wurden, rücken durch die Präsentation im neuen Museum im Kontext von Schiele, Klimt und Kokoschka plötzlich wieder ins Bewußtsein. Der Kunstwissenschaft eröffnet sich ein großteils noch unbearbeitetes Untersuchungsfeld. Es werden Neubewertungen erforderlich sein und es bietet sich die Chance, einen gezielten interdisziplinären Diskurs zur Grundlagenforschung der Moderne in den Bereichen der Kunsttheorie und Kunstwissenschaft zu führen.

Die Vertreter der Leopold Museum-Privatstiftung sehen es nämlich nicht als ausschließliches Ziel, *nur* attraktive Sonderausstellungen zu konzipieren; die primären Funktionen des Museums bestehen für sie weiterhin im Ausbau der Sammlung und in der wissenschaftlichen Aufarbeitung. Nur so kann das kollektive Gedächtnis des Museums dem Publikum anschaulich vermittelt werden.

Die allgemeinen Aufgaben eines Museum sind heute vielfältiger denn je: Vermittlung und öffentliche Kommunikation, ein umfangreiches Ausstellungsprogramm mit Sonderausstellungen und Marketing sind mittlerweile Themen, die zum Tagesgeschäft gehören. Der Kunsthistoriker Ernst Gombrich äußerte schon 1975 Bedenken bei der Vorstellung, daß Museen einerseits bilden und andererseits Vergnügen bereiten sollen.[4] Genau dies aber ist die Leistung, die heute von einem modernen Museumsmanagement – zur Wahrung der Wirtschaftlichkeit – erbracht werden muß. Es gehört eine Portion Taktik und Geschicklichkeit dazu, die entsprechende Balance zu erzielen. Wie sich das Leopold Museum etablieren wird, in welche Richtung sich die Museumspolitik, das öffentliche Profil und Image der Leopold Museum-Privatstiftung entwickeln werden, wird sich in der Zukunft erweisen. Spätestens mit der Eröffnung wird sich das Haus als Museum verselbständigen. Dann ist die Privatsammlung zu einem Sammlermuseum mit »Wänden« geworden.

Dem Sammler und Stifter Rudolf Leopold liegt das populistisch-merkantile Vorgehen, wie es das sogenannte »Guggenheim-Prinzip« beschreibt (Hilmar Hoffmann, 1999), fern. Seine Vorstellungen dürften wohl eher dahin gehen, dem Besucher eine intime, angenehme Umgebung für die Betrachtung der zahlreichen Kunstwerke der Sammlung zu schaffen – einen Ort einzurichten, an dem man spürt, daß auch das Sammeln und Archivieren, das Forschen und Präsentieren von großer künstlerischer Sensibilität geprägt ist.

1 Hans Tietze, Lebendige Kunstwissenschaft, Zur Krise der Kunst und Kunstgeschichte, Wien 1925, S. 57 f.
2 Vgl. Peter Weibel, Der Sammler und die Logik des Marktes, in: Kunstsammeln, Hg. Götz Adriani, Osfildern-Ruit 1999, S. 199–202.
3 Peter Doralt, Susanne Kalss, Die Sammlung als Privatstiftung, Die rechtlichen Rahmenbedingungen für die Sammlung Leopold, in: Parnass, Sonderheft, Wien 1994, S. 136 ff.
4 Vgl. Ernst Gombrich, Die Krise der Kulturgeschichte, München 1991, S. 297.

ERLÄUTERUNGEN ZUM TAFELTEIL

RUDOLF LEOPOLD

Der Abbildungsteil enthält 296 farbige Reproduktionen – auf diese Anzahl mussten wir uns für den Eröffnungskatalog beschränken. Verglichen mit anderen Katalogen ist das sehr großzügig bemessen. Sieht man diese Zahl aber in Relation zu den 5.286 Objekten meiner Sammlung, scheint sie nicht auszureichen. Schon meine Vorauswahl umfasste über 420 Werke, was etwa 8% der Sammlung ausmacht. Noch weit mühevoller als die Vorauswahl waren die nachfolgenden Reduktionsversuche, um auf die höchstens mögliche Zahl von 296 Abbildungen zu kommen und trotzdem sicherzustellen, daß ein annähernd gültiges Bild meiner Sammlung geboten wird. – Auch mußten verständliche Teilbereiche geschaffen werden, bei denen die Auswahl und die Reihung kein leichtes Unterfangen waren.

Man bedenke, wie viele Werke die Sammlung allein von den wichtigsten Künstlern enthält; von Egon Schiele z. B. 229 Arbeiten. Davon sind immerhin 56 abgebildet. Das scheint nicht wenig. Gerade von Schiele aber besitzt meine Sammlung nur ausgewählt erstklassige Werke, und der Schiele-Teil gehört zum Kern von ihr. Von der Notwendigkeit zur Beschränkung ist auch Gustav Klimt betroffen. Von dessen 85 Arbeiten können nur 16 abgebildet werden. Noch schmerzlicher ist es im Fall von Alfred Kubin: 202 Werke auf Papier (die 88 Stück Druckgraphik nicht mitberechnet) enthält die Sammlung – und davon viele Hauptwerke aus der so wichtigen Frühzeit Kubins. Trotzdem mußte ich mich auf nur 12 Abbildungen beschränken! – Diese Reihe schmerzhafter Reduzierungen könnte ich noch lange fortsetzen. Mit all dem war es aber noch immer nicht möglich, das Ziel von 296 Abbildungen zu erreichen. So blieb mir am Schluß nichts anderes übrig, als ganze Sparten meiner Sammlung bei diesem Eröffnungskatalog wegzulassen: alle Arbeiten aus der zweiten Hälfte des 20. Jahrhunderts, alle Figuren, Masken und ethnologischen Objekte aus Schwarzafrika und Ozeanien (wiewohl gerade sie eine wichtige Inspirationsquelle der in meiner Sammlung vertretenen Expressionisten darstellten), weiters alle japanischen Holzschnitte aus der maßgeblichen frühen Zeit sowie bedeutende alte Schnitzereien aus Japan. Ferner mußte ich (mit Ausnahme von nur acht von den Architekten Wagner, Hoffmann und Moser entworfenen Gegenständen) das gesamte österreichische Kunstgewerbe ausscheiden, u. a. viele Objekte der »Wiener Werkstätte« und der »Werkstätten Hagenauer«, darunter den schönen, von Franz Hagenauer aus Kupfer getriebenen »Idealkopf Adolf Loos« – und schließlich auch noch die eindrucksvollen, modern-konstruktiv anmutenden Gläser nach Entwürfen des Architekten Otto Prutscher. – Wir hoffen, später sämtliche genannten Sparten in gesonderten Katalogen publizieren zu können.

Schließlich war noch eine weitere Schwierigkeit zu bewältigen. Um den Umfang in vertretbaren Grenzen zu halten, war es unumgänglich, auf Leerseiten zu verzichten, wie man sie häufig links neben Abbildungen plaziert. Außer in den Fällen, wo dies aus ästhetischen und kunsthistorischen Gründen absolut unpassend war, habe ich in der überwiegenden Mehrzahl zur Seiteneinsparung zwei (und manchmal auch mehrere) Abbildungen auf zwei Seiten einander gegenübergestellt.

Diese Aufgabe war deshalb so schwierig, weil dadurch oft zwangsläufig Werke gegenüberstanden, die nicht wirklich zusammenpaßten. Wie schon einer meiner Lehrer an der Universität, Prof. Fritz Novotny, für das Hängen von Bildern in Museen oder Ausstellungen postulierte, muß dabei oft ein Kompromiß zwischen Ästhetik und Chronologie geschlossen werden. Und diesen hatte ich dann immer wieder zu schließen. Deshalb mußten oftmals später entstandene Werke früher eingereiht werden und umgekehrt. Insgesamt habe ich aber natürlich versucht, die Chronologie der Entstehung der Werke, so gut es ging, einzuhalten. – Ein letztes Problem bestand darin, daß Stilgruppen gebildet werden mußten, auch wenn sich zahlreiche Arbeiten innerhalb dieser mit solchen aus anderen Gruppen chronologisch überschnitten. Es war daher alles andere als leicht, die Reihung im Kleinen und im Großen durchzuführen.

Nun zum Inhalt des Tafelteils, also zu dem, was gleichsam als Essenz meiner Sammlung in den Eröffnungskatalog aufzunehmen war. Dazu summarisch einige Erläuterungen.

Als erstes wird die aus der Zeit um 1220/30 stammende gefaßte Holzskulptur einer »Thronenden Muttergottes« abgebildet, und zwar von vorne, von hinten und von der Seite. Gerade die Romanik zeigt in ihrem Formenkanon oft eine nicht zu übersehende Verwandtschaft mit bestimmten modernen Kunstschöpfungen. – Die nächste unbedingt wiederzugebende Arbeit stammt erst aus dem 18. Jahrhundert, genauer aus der Zeit um 1775.[1] Es ist das Bild des »Ungläubigen Thomas« von Johann Martin Schmidt, genannt »Der Kremser Schmidt«. – Diesem gegenüber findet ein weltliches Thema seinen Platz, »Der Eisläufer« von Norbert Grund, dem sogenannten böhmischen Watteau. (Anläßlich einer Grund-Ausstellung in der Österreichischen Galerie, in der auch dieser »Eisläufer« gezeigt wurde, teilte der für Norbert Grund zuständige Kunsthistoriker der Prager Nationalgalerie, die hunderte von Werken dieses Künstlers verwahrt, mit, daß es sich bei meinem Bild um die Originalfassung dieses Themas handle.)

Hernach folgt im Tafelteil das 19. Jahrhundert bis zur Gründung der Wiener Secession (1897). Gerne hätte ich es unterteilt in Stilepochen wie Biedermeier, Historismus, Stimmungsimpressionismus und Realismus. Doch gab es Künstler wie z. B. August von Pettenkofen, der als Biedermeier-Maler begann, doch dann einen »realistischen Impressionismus« österreichischer Prägung vertrat; oder es gab den Fall Rudolf von Alts, dessen Werke durch das ganze Jahrhundert entstanden sind. So mußte ich mich entschließen, die wichtigsten Künstler des 19. Jahrhunderts aus meiner Sammlung ohne stilistische Unterteilung anzuführen – und, der besseren Übersicht halber, in alphabetischer Reihenfolge. So beginnt dieser Tafelteil mit dem oben erwähnten Rudolf von Alt, dem größten österreichischen Aquarellisten des 19. Jahrhunderts, der wahrscheinlich auch der einzige europäische Künstler ist, dessen beste Werke man der Qualität nach neben die eines William Turner stellen kann. (Prof. Walter Koschatzky ist diesbezüglich einer Meinung mit mir.)

Aus der erwähnten alphabetischen Reihenfolge ergibt sich zwangsläufig, daß sich Werke der genannten Stilrichtungen miteinander vermischen. So steht vor zwei Bildern Makarts die interessante Studie Liebermanns zur Hauptfigur in seinem berühmten Bild der »Netzflickerinnen«. – Die Mehrzahl der Bilder des 1878 geborenen Fritz Rojka entstanden im ersten Drittel des 20. Jahrhunderts. Da sie aber stilistisch den Werken Carl Schuchs nahe stehen, ohne eine Nachahmung zu bedeuten, waren die zwei Bilder aus der Sammlung besser im Zusammenhang des 19. Jahrhunderts zu bringen. Dann folgen, dem Alphabet nach, vier Bilder des viel früher, nämlich 1834 geborenen Anton Romako. Sein Werk weist viele, scheinbar einander widersprechende Stilrichtungen – oft gleichzeitig in einem Bild – auf: nicht nur die des Historismus und des Impressionismus; seine späten Arbeiten zeigen sogar bereits expressionistische Züge. (Das frühe, expressionistische Porträtwerk Oskar Kokoschkas ist ohne die Kunst Romakos nicht denkbar, die er in seiner Jugend bei dem Romako-Sammler Oskar Reichel kennenlernte.) Das in diesem Katalog wiedergegebene »Bildnis Isabella Reisser« bezeichnete Fritz Novotny, der eine wichtige Monographie über Romako verfasst hat,[2] als sein ausdrucksstärkstes und fand dafür die treffenden Worte: »Es scheint hier, als habe eine Dame der gehobenen Gesellschaft in einem Ibsen'schen Drama die Bühne der Welt betreten.« Durch den gleichen Nachnamen kommt bei der alphabetischen Reihung das zauberhafte Biedermeier-Aquarell des »Freigiebigen Weinhüters« von Carl Schindler unmittelbar vor den vier eindrucksvollen Ölbildern Emil Jakob Schindlers zu stehen, dem wichtigsten Vertreter des österreichischen Stimmungsimpressionismus! Er wurde auch als »österreichischer Corot« bezeichnet. – Danach finden sich zwei zukunftsweisende Gemälde Carl Schuchs, dessen Arbeiten vor einem Jahr in Dortmund im Museum für Kunst und Kulturgeschichte solchen Manets und Cézannes gegenübergestellt wurden. – Durch die alphabetische Reihung müssen danach vier Werke Ferdinand Georg Waldmüllers abgebildet werden, die einen Zeitraum von 1834 bis 1863 durchmessen. Schon damit zeigt sich, daß eine Unterteilung in eine erste und zweite Hälfte des 19. Jahrhunderts nicht sinnvoll gewesen wäre.

Von 1897 an, dem Gründungsjahr der Wiener Secession, scheinen Einteilungen in Gruppen stilistischer Verwandtschaft zielführender zu sein, als Werke ungefähr gleicher Entstehungszeit zusammenzufassen. Den Beginn macht die sogenannte Stilkunst der Jahrhundertwende, deren Führer Gustav Klimt war und von dem zurecht gesagt wird, daß mit ihm die moderne Malerei in Österreich beginnt. Außer seinen Werken werden vor allem Arbeiten von Koloman Moser und Carl Moll gezeigt sowie wichtige Secessionsplakate von Ferdinand Andri, Adolf Boehm und Berthold Löffler.

Neben den Werken österreichischer Künstler finden sich in dieser Stilgruppe auch zwei kunsthistorisch bedeutsame Papierarbeiten Edvard Munchs, die »Loslösung« und »Die Sünde«, weiters eine der originalen Gipsfiguren des »Knienden Knaben« von George Minne, die als Modell für den Folkwangbrunnen in Hagen in Westfalen dienten. Diese bereits 1897 entstandene Figur des »Knienden Knaben« hat nicht nur viele bedeutende europäische Bildhauer der ersten Hälfte des 20. Jahrhunderts inspiriert, sondern auch den Maler Oskar Kokoschka bei seinen frühen Darstellungen nackter Knaben und Mädchen.

War die Zusammengehörigkeit der verschiedenen Künstler dieser Gruppe noch stilistisch nachvollziehbar, bringe ich im Tafelteil danach drei Künstler, die mit Fug und Recht als Einzelgänger bezeichnet werden können: Albin Egger-Lienz, Alfred Kubin und Richard Gerstl. – Nur von 1896 bis etwa 1908 stand Egger-Lienz den »Stilisten« nahe, aber auch da nur mit einem Teil seiner Arbeiten. – Das poetische, fein gemalte Bild des

»Dämmrigen Waldes« mit seiner manchen Jugenstilarbeiten verwandten Farbigkeit ist auch rein kunsthistorisch hochinteressant: bereits 1896 ist es entstanden, fünf Jahre vor dem »Tannenwald« Gustav Klimts. – Eggers eindrucksvolle Arbeiten widerlegen die Mär, er sei ein »Blut-und-Boden-Maler«. Nur seine schwächlichen Nachahmer sind es. An dem Thema des bäuerlichen Lebens, mit dem Egger seit Jugend vertraut war, entwickelte er seine Formprobleme.

Bei Alfred Kubin gab es überhaupt nur eine ganz kurze Zeitspanne vor der Jahrhundertwende, in der sein Werk vom (Münchner) Jugendstil berührt war. Gleich danach, von Ende 1899 bis 1903 gebiert Kubins krause Einbildungskraft die dichte Reihe traumhaft-gespenstischer, grauenerregender Darstellungen. Wie Anton Faistauer richtig über Kubin urteilte, war »sein Spuk und Grauen nichts anderes als komprimierte Wirklichkeit, nur herausgestellt in den Lichtkegel seiner Magierlampe. Nur die Magie der Wirklichkeit mag uns ernstlich zu ergreifen.«[3]

Obwohl das Oberösterreichische Landesmuseum und die Graphische Sammlung Albertina Kubins gesamten Nachlaß erbten, gelang es mir noch, einige seiner überzeugendsten Werke aufzuspüren und zu erwerben, wie »Der Mensch« (Otto Mauer war von dieser Arbeit so fasziniert, daß er daraufhin Kubin zu sammeln begann), »Das letzte Abenteuer«, die »Vergangenheit«, »Der Teufel auf dem Schornstein« und schließlich auch »Das Grausen« – vielleicht überhaupt das populärste seiner Blätter.

Der dritte Einzelgänger, Richard Gerstl, hat in seinem Werk mit den österreichischen »Stilisten« überhaupt nichts zu schaffen. Nach so eindrucksvollen Darstellungen wie dem »Doppelbildnis der Schwestern Fey« (Österreichische Galerie) und dem »Selbstbildnis als Halbakt vor blauem Hintergrund«, beide aus dem Jahre 1905, malt Gerstl bis Sommer 1906 in pointilistischer Manier (die aber mit den österreichischen Ausprägungen dieses Stils nichts zu tun hat). Die damaligen Landschaften und Figurenbilder erscheinen künstlerisch weit schwächer als die vorher genannten Werke von 1905. – Ab Sommer 1907 entsteht dann bis zu seinem frühen Tod im Herbst 1908 eine Reihe bedeutender malerischer Werke. Von diesen wären unter den Landschaften die »Sonnige Wiese mit Obstbäumen« und die »Uferstraße« (bei Gmunden) sowie unter den figuralen Arbeiten das »Bildnis Henrika Cohn« und sein letzter »Selbstakt« besonders hervorzuheben.

Die nächste Gruppe umfaßt die Werke jener Künstler, die man einigermaßen mit Recht dem Expressionismus zuschreiben kann (nicht aber solche, die vor allem vom Kunsthandel aus merkantilen Gründen fälschlicherweise dazugerechnet werden – eben weil Arbeiten des Expressionismus zur Zeit hoch im Kurs stehen. So werden neben zahlreichen anderen Malern z.B. auch Anton Kolig und Herbert Boeckl als Expressionisten bezeichnet, obwohl sich der letztgenannte Zeit seines Lebens davor verwahrt hat).

Von den international bekanntesten Expressionisten finden sich unter den Abbildungen dieses Kataloges zwei Werke von Ernst Ludwig Kirchner, acht von Oskar Kokoschka und 56 von Egon Schiele – von dem unsere Stiftung ja die weltweit bedeutendste Sammlung besitzt. Zu Kirchners maßgeblichen frühen Arbeiten zählen die große Lithographie eines Liebespaares und das (ebenfalls im Tafelteil reproduzierte) Ölbild mit den Akten im Atelier (das schon mehrfach als Leihgabe zu wichtigen Ausstellungen erbeten worden ist).

Von Kokoschka sind hier u. a. zwei Ölgemälde wiedergegeben: Zweifellos ist das Selbstbildnis von 1918/19 eines seiner bedeutendsten. Und die »Tre Croci – Dolomiten-Landschaft« hielt der Künstler selbst für die wichtigste aller seiner Landschaften! Im Sommer 1913 arbeitete er daran, übermalte sie aber dann noch im Herbst in zahlreichen Partien. Unmittelbar danach begann er mit seiner »Windsbraut« (Kunsthalle Basel), die in den ersten Monaten des Folgejahres fertiggestellt wurde. In diesen und anderen Werken aus seiner Frühzeit, bis einschließlich 1925, tritt eine überzeugende »malerische Substanz« zutage. Sie hat nichts mit mehr oder weniger pastos aufgetragener Farbe zu tun; sie wird nur durch Inspiration ermöglicht. – Nicht sehr viele österreichische Künstler der ersten Hälfte des 20. Jahrhunderts erreichten auf andere, persönliche Weise einen vergleichbar großen Reichtum an malerischer Substanz wie Kokoschka. In gewissen Entwicklungsphasen zeigt er sich jedoch an bestimmten Werken von Egon Schiele, von Anton Faistauer (in den Jahren von 1911 bis 1919), Albin Egger-Lienz (zwischen 1918 und 1925), Anton Kolig (in seiner Früh- und in seiner Spätzeit), Hans Böhler (Ende der zehner bis Ende der zwanziger Jahre) und Gerhart Frankl (zwischen 1924 und 1929) – um nur die in dieser Hinsicht wesentlichen zu nennen.

Nun zurück zum dem nach dem Alphabet letzten Expressionisten, zu Egon Schiele, dem großen Maler und sicher bedeutendsten Zeichner nicht nur des österreichischen, sondern auch des deutschen Expressionismus. Von ihm besitzt die Sammlung Leopold nicht nur die weltweit größte Kollektion, sondern vor allem so viele Werke herausragender Qualität, daß davon nicht weniger als 56 abgebildet werden mußten. Schieles Bedeutung habe ich in meiner Monographie, die 1972 in deutsch und 1973 in englisch erschienen ist,[4] sowie in zahlreichen Katalogen dargelegt. Hatte sich Egon Schiele mit seinen Arbeiten aus den Jahren 1910 bis 1915 als bahnbrechender Meister des Expressionismus, und nicht nur seiner Wiener Spielart, etabliert, so hat er sich früher als manch anderer Wegbereiter vom programmatisch Ausdruckskünstlerischen ab- und einer neuen Darstellungsweise zugewandt, die ihn mit den Werken der sogenannten Zwischenkriegszeit verbindet, ja sie zum Teil vorwegnimmt. Aus dem Grund möchte ich über ihn noch einmal nicht nur im Zusammenhang mit dieser Gruppe, sondern auch mit der Kunst Picassos reden.

In der Gruppe der »Zwischenkriegszeit« sind 28 Künstler angeführt. Auch wenn einige Arbeiten von ihnen bereits ab 1910 entstanden sind und ein Bild, nämlich die »Sonnensucher« von Anton Kolig, erst knapp nach dem Zweiten Weltkrieg, nämlich 1946, gemalt wurde, sind alle diese Künstler größtenteils dem Umfeld der »Zwischenkriegszeit« zuordenbar. Wie in den anderen Gruppen – mit Ausnahme der von Wagner, Hoffmann und Moser entworfenen acht Gegenstände und der drei »Einzelgänger« Egger-Lienz, Kubin und Gerstl – sind alle Maler der letztgenannten Gruppe wieder alphabetisch gereiht.

Von den deutschen Künstlern finden sich hier Ernst Barlach, Max Beckmann und vor allem Lovis Corinth – dieser mit zwei großartigen Gemälden, einer »Walchensee-Landschaft« und dem »Bildnis Alfred Kuhn« – und schließlich, nicht der Bedeutung nach, aber durch die Alphabetisierung zuletzt, die zwei Werke Georg Philipp Wörlens, die den Geist der »Neuen Sachlichkeit« in der Zwischenkriegszeit besonders klar widerspiegeln.

Von einigen österreichischen Künstlern, die mit einer größeren Anzahl wichtiger Arbeiten in meiner Sammlung vertreten sind, habe ich dementsprechend auch mehr Werke abgebildet – und zwar (in alphabetischer Reihenfolge der Künstler) von Herbert Boeckl neun, von Hans Böhler sieben, von Josef Dobrowsky acht, von Anton Faistauer ebenfalls acht, von Gerhart Frankl sechs, von Anton Kolig acht und von Alfons Walde fünf Arbeiten.

Von diesen Malern sind Koligs »Jüngling mit Amor« und Faistauers »Alte Mühle bei Maishofen« am frühesten – nämlich beide im Jahre 1911 – entstanden. Zu Ende des Zweiten Weltkrieges und knapp danach konnte Kolig noch eine neue Periode »malerischer Malerei« mit teils interessanten Ergebnissen kreieren – darunter die erwähnten »Sonnensucher«. – Dagegen entstammen die besten Bilder des bereits 1930 verstorbenen Anton Faistauer den Jahren 1911 bis 1919. (Alle hier abgebildeten Werke sind aus dieser Zeit.) Mit dem erwähnten Bild »Alte Mühle bei Maishofen« hat dieser bedeutende Maler die Stilrichtung der Wiener Secession hinter sich gelassen (über deren Segen und Unsegen er sich in seinem 1923 erschienenen Buch »Neue Malerei in Österreich« verbreitete). Das Gemälde zeigt Faistauers fruchtbare Auseinandersetzung mit dem Werk Paul Cézannes – wie auch manche seiner Bilder in den folgenden Jahren. Sein delikater Farbauftrag und vor allem seine leuchtenden, sonoren Farben sind aber von ganz anderer Art und durchaus eigenständig.[5]

Anton Kolig begann zunächst mit Bildern in dunklerer Tönung. Neben interessanten Stilleben und Bildnissen beschäftigte den Künstler sein Leben lang die Bewältigung des männlichen Aktes. Im Formalen öfter von Michelangelo ausgehend, im Farbigen auch dem barocken Erbe verpflichtet, malte er seine Akte häufig in violett-braunen Valeurs, was ihnen die Benennung »Bronze-Akte« eintrug. Auch seine vielen Zeichnungen desselben Sujets sind eigentlich »Bildhauerzeichnungen«. Abgesehen von Anton Hanaks völlig andersartigen, malerisch aufgefaßten Figurenskizzen, in denen dieser den Tintenblei durch Eintauchen in Wasser wie einen Aquarellpinsel handhabte, hat der Nicht-Bildhauer, aber »geheime Plastiker« Kolig die schönsten Bildhauerzeichnungen der österreichischen Kunst des 20. Jahrhunderts zustandegebracht.[6]

Von den Malern der »Zwischenkriegszeit« möchte ich hier besonders noch auf Herbert Boeckls Arbeiten seiner frühen Jahre hinweisen. 1918/19 arbeitete er in selbständiger Nachfolge französischer Fauvisten. Das beste Ergebnis erreichte er dabei mit dem im Tafelteil wiedergegebenen »Liegenden Frauenakt«. Ab 1920 ändert sich sein Stil; die Auseinandersetzung mit der Kunst Cézannes beginnt, wobei aber die größte Nähe zu diesem Ahnherrn der modernen Malerei des 20. Jahrhunderts erst in Bildern von 1924 deutlich wird – im »Stilleben mit Orangen und Krug« und in der »Großen sizilianischen Landschaft«, die man als eigenständige Paraphrase nach Cézannes »Bahndammdurchstich« von 1872 bezeichnen könnte. Noch eigenständiger erscheint Boeckl wenige Jahre zuvor, in Bildern wie »Gruppe am Waldrand«, »Berliner Hinterhäuser«, »Berliner Fabrik«, »Bildnis Wertheimstein«, »Stilleben mit toter Taube« und »Badende am Klopeinersee« – alle in den Jahren 1920 bis 1922 entstanden (und mit Ausnahme der »Berliner Hinterhäuser«, Österreichische Galerie, alle aus unserer Sammlung). Nebenbei bemerkt hat Boeckl selbst unsere Fassung der »Badenden am Klopeinersee« als sein bestes Bild bezeichnet. Mit der einzigen Ausnahme des von Boeckl 1929 gemalten »Steinbruchs von Töschling« entstanden sonst alle bedeutenden Bilder Boeckls von 1919 bis 1925; die des Malers Gerhart Frankl in einem noch etwas kürzeren Zeitraum: von 1924 bis 1929.

Nur wenige Maler erreichten es, im Alter noch wichtige Arbeiten zu schaffen – gleichsam die Weisheit des Alters mit Kreativität verbinden zu können. Der einzige große österreichische Künstler, dem dies gelang, ist Albin Egger-Lienz, dessen malerisch bedeutendste Bilder in seinen späten Lebensjahren entstanden – wie beispielsweise die »Generationen«, die »Mütter«, »Die Quelle«, die »Auferstehung« und die »Pietá«.

Zuletzt möchte ich noch über Egon Schiele sprechen, wie ich es vor den Erläuterungen zur Künstlergruppe der »Zwischenkriegszeit« erwähnte; und zwar nicht nur, weil er zum Kern meiner Sammlung zählt, sondern weil er mit seinen zwischen 1916 und 1918, also noch vor dem Ende des Zweiten Weltkrieges, entstandenen Arbeiten den Expressionismus bereits wieder verlassen hat und Werke schuf, die zum Teil nicht nur mit der »Zwischenkriegszeit österreichischer Prägung« verwandt erscheinen, sondern auch den Vergleich mit Arbeiten Picassos aus dessen »klassischer Periode« (von 1921 an) nicht zu scheuen brauchen. Hatte er im Vergleich zu Picasso und Braque erst fünf Jahre später begonnen, geometrisierend und »kubistisch« zu arbeiten – wiewohl sein Kubismus vom Anfang an grundsätzlich anderer Art war –, so war Schiele in seiner Klassizität der Darstellung von Volumina im Raum Picasso um Jahre voraus. Man denke nur an Arbeiten Schieles wie »Die Familie«, »Hockendes Frauenpaar«, »Drei stehende Frauen« und sein spätes »Liebespaar«. (Leider blieben alle genannten Arbeiten infolge Schieles frühem Tod mehr oder weniger unvollendet. Doch weist besonders das genannte Liebespaar von 1918 einen Reichtum an malerischer Substanz auf, wie ihn nur die im Zusammenhang mit Kokoschka erwähnten Maler – jeder auf seine Weise – in manchen Werken erreichten.)

Abgesehen von dieser wichtigen Neuorientierung in den Jahren 1917/18, hat Schiele seinen Expressionismus, das Wesentliche seiner Kunst, in den Jahren 1910 bis 1915 erschaffen. Aber auch dabei war es Schiele nicht um die Zugehörigkeit zu einer bestimmten Gruppe, sondern um die Kunst schlechthin zu tun. Darum auch schrieb er auf ein Aquarell: »Kunst kann nicht modern sein; Kunst ist urewig.«

1 Zur Datierung dieser Fassung des »Ungläubigen Thomas« von J. M. Schmidt siehe: Der Maler Johann Martin Schmidt, Verlag der österreichischen Staatsdruckerei, Wien, 1955, S. 264.

2 Fritz Novotny, Der Maler Anton Romako, 1832–1899, Verlag Anton Schroll & Co, Wien – München, 1954.

3 Anton Faistauer: Neue Malerei in Österreich, Amalthea-Verlag, Zürich – Leipzig – Wien, 1923, S. 74/75.

4 Rudolf Leopold, Egon Schiele. Bilder – Aquarelle – Zeichnungen, Residenz Verlag, Salzburg, 1972 (deutsche Ausgabe); Phaidon, London – New York, 1973 (englische Ausgabe).

5 Für die von Juni bis August 2000 von unserem Museum in der Kestnergesellschaft in Hannover veranstaltete Ausstellung »Aufbruch der Moderne. Meisterwerke der Sammlung Leopold« verfaßte Romana Schuler den Aufsatz »Eine Anthologie zum Aufbruch der Moderne aus der Sammlung Leopold«. Auf S. 47 schreibt sie über Anton Faistauer: »Er war ein Gegner des Secessionismus, den er als *Unheil* bezeichnete.« Dies muß zumindest als Verkürzung dessen bezeichnet werden, was Faistauer tatsächlich in seinem Buch »Neue Malerei in Österreich« (s. Anm. 3) von sich gab. Dort schrieb er auf S. 8 nicht nur vom *Unsegen*, sondern auch vom *Segen* der Secession, besonders in Deutschland, wo diese vor allem in Berlin dem Impressionismus um Liebermann Bahn gebrochen habe. Er lehnte aber alles Dekorative der »Klimtschen Ära und der von Josef Hoffmann« geleiteten »Wiener Werkstätte« ab. Dagegen beurteilte er die Errungenschaften der Secession in der Baukunst, vor allem der Architekten Josef Olbrich, Otto Wagner, Josef Hoffmann und Adolf Loos als Erfolg von historischer Wirkung und als fruchtbarste Kunstrevolution.

6 Bei Anton Kolig glaubt Romana Schuler (s. Anm. 5, S. 46) vielfache Bezüge zur Körpersprache Egon Schieles und Oskar Kokoschkas zu erkennen. Einerseits war aber die Kunst Koligs von der Schieles und Kokoschkas ihrem Wesen nach grundverschieden und andererseits zeigen sich bei Kolig in dieser Hinsicht weder Bezüge zum einen noch zum anderen Künstler.

TAFELTEIL

Ausgewählt und zusammengestellt
von Rudolf Leopold

13. JAHRHUNDERT

1

ÖSTERREICH UM 1220/30

Holz, gefaßt, Höhe 60 cm

Inv. 4897

18. JAHRHUNDERT

Johann Martin Schmidt
gen. Kremser Schmidt

Norbert Grund

J O H A N N M A R T I N S C H M I D T gen. Kremser Schmidt

(Grafenwörth 1718–1801 Förthof/Wachau)

2

DER UNGLÄUBIGE THOMAS

Öl auf Leinwand, 99,8 x 124,9 cm

Unsigniert, undatiert.

Inv. 3977

NORBERT GRUND (Prag 1717–1767 Prag)

3
DER EISLÄUFER, 1750/55
Öl auf Holz, 12,2 x 14,5 cm
Unsigniert, undatiert.
Inv. 946

VON 1800 BIS 1896

Rudolf von Alt

Tina Blau

Hans Canon

Gustave Courbet

Marie Egner

Thomas Ender

Friedrich Gauermann

Cecil van Haanen

Theodor von Hörmann

Eugen Jettel

Max Liebermann

Hans Makart

Michael Neder

August von Pettenkofen

Johann Baptist Reiter

Rudolf Ribarz

Fritz Rojka

Anton Romako

Franz Rumpler

Robert Russ

Carl Schindler

Emil Jakob Schindler

Carl Schuch

Otto von Thoren

Ferdinand Georg Waldmüller

Olga Wisinger-Florian

4

ALTAUSSEER SEE – TRISSELWAND, 1839

Aquarell auf Papier, 26,6 x 36,5 cm

Signiert, bezeichnet und datiert links unten.

Inv. 3640

5

ROM – SAN ONOFRIO, 1835

Aquarell auf Papier, 27 x 37,5 cm

Rückseitig bezeichnet und datiert.

Inv. 3641

6

DIE GROSSE FICHTE BEI BADGASTEIN, 1899

Aquarell und Gouache auf Papier, 36,8 x 50 cm

Signiert und datiert links unten.

Inv. 3645

7

AUS LANDSBERG, UM 1885

Öl auf Holz, 26,9 x 17,7 cm

Signiert unten Mitte.

Inv. 553

8

KANAL IN HOLLAND, UM 1885

Öl auf Holz, 26,6 x 36,7 cm

Signiert unten Mitte.

Inv. 559

9

SITZENDE VENUS MIT PELZMANTEL, 1880

Öl auf Leinwand, 118,3 x 82,5 cm

Signiert und datiert rechts oben.

Inv. 2018

10

DER KREISLAUF DES LEBENS, 1885

Öl auf Leinwand, 132 x 132 cm

Signiert und datiert rechts unten.

Inv. 2014

G U S T A V E   C O U R B E T

(Ornans/Frankreich 1819–1877 La Tour de Peilz, Schweiz)

11

KÜSTENLANDSCHAFT, 1865

Öl auf Leinwand, 46,2 x 55,6 cm

Signiert und datiert links unten.

Inv. 106

12

LANDSCHAFT MIT WASSERFALL, 1866

Öl auf Leinwand, 54,5 x 73 cm

Signiert und datiert links unten.

Inv. 284

13

HAUS IM SÜDEN, UM 1890

Öl auf Karton, 24,1 x 24,4 cm

Signatur-Stempel rechts unten.

Inv. 259

T H O M A S   E N D E R   (Wien 1793–1875 Wien)

14

FEDERAUN (IM GAILTAL), UM 1840

Aquarell auf Papier, 27,3 x 37,7 cm

Signiert und bezeichnet links unten.

Inv. 2284

15

STUDIE ZUM BILD »EIN KORNWAGEN BEI GEWITTERSTURM AM ZELLERSEE«, 1833/36

Ölstudie auf Karton, 15,7 x 19,8 cm

Unsigniert, undatiert.

Inv. 763

16

PFEIFENRAUCHENDER KNABE, 1824

Öl auf Karton, 20,1 x 15,8 cm

Unsigniert, undatiert.

Inv. 765

17

HEIMKEHR VOR DEM GEWITTER, 1845

Öl auf Leinwand, 90 x 122,5 cm

Signiert und datiert links unten.

Inv. 2081

18

»AM KLOSTERBRUNNEN«, 1836

Öl auf Holz, 74,5 x 96 cm

Signiert und datiert rechts unten.

Inv. 2065

19

DIE BRIEFLESERIN, UM 1885/90

Öl auf Holz, 40,5 x 25,5 cm

Unsigniert, undatiert; Nachlaß-Stempel rechts unten.

Inv. 222

20

MÄDCHEN, UM 1885/90

Öl auf Holz, 29,2 x 19,5 cm

Unsigniert, undatiert; Nachlaß-Stempel rechts unten.

Inv. 212

THEODOR VON HÖRMANN (Imst/Tirol 1840–1895 Graz)

21

BAUERNKINDER IM WINTERLICHEN BUCHENWALD, 1892

Öl auf Leinwand, 70,6 x 102,4 cm

Signiert und datiert rechts unten.

Inv. 1979

22

LANDSCHAFT MIT ESPARSETTEN, UM 1893

Öl auf Leinwand, 14,9 x 21,3 cm

Unsigniert, undatiert.

Inv. 336

23

GARTEN MIT SONNENBLUMEN, 1885

Öl auf Holz, 45,6 x 63,5 cm

Signiert und datiert rechts unten.

Inv. 138

24

»KRAUTACKER IN BARBIZON«, 1875

Öl auf Leinwand, 46,5 x 80,3 cm

Signiert, datiert und bezeichnet links unten.

Inv. 2097

MAX LIEBERMANN (Berlin 1847–1935 Berlin)

25

STUDIE ZUR HAUPTFIGUR DES BILDES »NETZFLICKERINNEN«, 1886

Öl auf Karton, 63,5 x 48 cm

Signiert und datiert rechts unten.

Inv. 2020

26

BACCHANAL

Ölstudie auf Karton, 22,5 x 71 cm

Unsigniert, undatiert.

Inv. 3980

27

VESTALIN

Öl auf Holz, 93,9 x 25,8 cm

Unsigniert, undatiert.

Inv. 491

28

JUNGE MUTTER MIT KIND IN DER STUBE, UM 1835

Öl auf Holz, 21,6 x 15,9 cm

Unsigniert, undatiert.

Inv. 202

29

WIRTSHAUSSZENE, 1829

Öl auf Leinwand, 43,2 x 53 cm

Signiert und datiert rechts unten.

Inv. 505

30

MARKT IM REGEN, UM 1880

Öl auf Holz, 10,6 x 16,3 cm

Signiert und Nachlaß-Stempel rechts unten.

Inv. 500

31

SICH SCHNEUTZENDE BÄUERIN, UM 1870/75

Öl auf Holz, 15,4 x 8,4 cm

Monogrammiert und mit Widmung versehen rechts unten.

Inv. 724

32

DIE NUDELESSERIN, 1849

Öl auf Leinwand, 61,2 x 52,4 cm

Signiert, datiert und bezeichnet rechts oben.

Inv. 4718

33

APFELBÄUMCHEN, UM 1875

Öl auf Leinwand, 46,5 x 59,5 cm

Unsigniert, undatiert.

Inv. 2002

34

BOOTE AN DER KÜSTE, UM 1880

Öl auf Leinwand, 42,3 x 64,7 cm

Unsigniert, undatiert.

Inv. 155

35

STILLEBEN MIT CHIANTIFLASCHE

Öl auf Leinwand, 57,5 x 51 cm

Signiert links oben.

Inv. 761

36

BLUMEN IN VASE AUF KELIM

Öl auf Leinwand, 51 x 41,5 cm

Signiert links oben.

Inv. 760

37

AM WASSERFALL, UM 1881

Öl auf Leinwand, 89 x 63,5 cm

Signiert rechts oben.

Inv. 167

38

KINDER MIT REISIG

Öl auf Leinwand, 45 x 32 cm

Signiert links unten.

Inv. 738

39

BILDNIS ISABELLA REISSER, 1885

Öl auf Leinwand, 130,5 x 90 cm

Signiert links unten.

Inv. 2116

40

SCHLOSS GREILLENSTEIN, 1885/86

Öl auf Holz, 35,4 x 32,5 cm

Signiert und bezeichnet links unten.

Inv. 736

41
MÄDCHEN MIT ENTBLÖSSTER SCHULTER
Öl auf Holz, 20,5 x 16 cm
Unsigniert, undatiert
Inv. 255

42

KELLERGASSE

Öl auf Leinwand, 30 x 45,7 cm

Signiert links unten.

Inv. 347

R O B E R T   R U S S   (Wien 1847–1922 Wien)

43

MÜHLE IN SÜDTIROL

Öl auf Leinwand, 87,5 x 63,5 cm

Unsigniert, undatiert.

Inv. 168

44

LANDSCHAFT MIT ZERFALLENEM HAUS

Mischtechnik auf Karton, 34 x 40,8 cm

Signiert rechts unten.

Inv. 3546

45

DER FREIGIEBIGE WEINHÜTER

Aquarell auf Papier, 13,1 x 15,1 cm

Unsigniert, undatiert.

Inv. 790

E M I L J A K O B S C H I N D L E R (Wien 1842–1892 Westerland/Sylt)

46

MEERESBRANDUNG IN RAGUSA, 1887/88

Öl auf Holz, 26 x 35,8 cm

Signatur-Stempel links unten.

Inv. 123

47

WALDSTRASSE BEI SCHÄRFLING, 1890

Öl auf Holz, 76,3 x 103,5 cm

Signiert und datiert links unten.

Inv. 5268

48

PAPPELALLEE UM 1890

Öl auf Holz, 26,2 x 33,5 cm

Nachlaß-Stempel rechts unten.

Inv. 130

49

HOLZGERÜMPEL IM WALD, UM 1882/85

Öl auf Leinwand, 50,5 x 66,4 cm

Unsigniert, undatiert.

Inv. 140

C A R L   S C H U C H   (Wien 1846–1903 Wien)

50

STILLEBEN MIT KNOBLAUCH, 1887

Öl auf Leinwand, 63,8 x 79,2 cm

Signatur-Stempel rechts unten.

Inv. 232

51

GEBIRGSBACH MIT FELSBLÖCKEN, 1888/90

Öl auf Leinwand, 61 x 82,4 cm

Signatur-Stempel rechts unten.

Inv. 230

52

HEIMKEHR

Öl auf Leinwand, 82,5 x 62 cm

Signiert rechts unten.

Inv. 164

F E R D I N A N D   G E O R G   W A L D M Ü L L E R

(Wien 1793–1885 Hinterbühl/Mödling)

53

DACHSTEIN MIT GOSAUSEE, 1834

Öl auf Holz, 31,3 x 26 cm

Signiert und datiert links unten.

Inv. 509

54

HEIMKEHRENDE MUTTER MIT KINDERN, 1863

Öl auf Holz, 53 x 41,7 cm

Signiert und datiert rechts unten.

Inv. 636

55

UNTERBROCHENE WALLFAHRT (»DIE KRANKE PILGERIN«), 1858

Öl auf Holz, 71 x 87,3 cm

Signiert und datiert rechts Mitte.

Inv. 481

56

DER ABSCHIED DES CONSCRIBIERTEN, 1854

Öl auf Holz, 59 x 74 cm

Signiert und datiert rechts unten.

Inv. 634

O L G A   W I S I N G E R - F L O R I A N (Wien 1844–1925 Grafenegg/NÖ)

57

LANDSCHAFT MIT EISENBAHN, UM 1890

Öl auf Karton, 26,7 x 38,2 cm

Signiert rechts unten.

Inv. 267

58

HERBSTLICHER WEG, UM 1900/05

Öl auf Holz, 15,2 x 10 cm

Unsigniert, undatiert; rückseitig: Nachlaß-Stempel.

Inv. 256

59

DER POSTHOF IN KARLSBAD, 1895

Öl auf Holz, 12,5 x 21,3 cm

Signiert und datiert links unten.

Inv. 1981

SOGENANNTE STILKUNST DER JAHRHUNDERTWENDE

Berthold Löffler

Ferdinand Andri

George Minne

Leopold Blauensteiner

Carl Moll

Adolf Boehm

Koloman Moser

Josef Engelhart

Edvard Munch

Anton Filkuka

Franz von Zülow

Gustav Klimt

60

PLAKAT ZUR 10. AUSSTELLUNG DER WIENER SECESSION, 1901

Farblithographie auf Papier, 181 x 60,5 cm

Unsigniert, undatiert.

Inv. 3036

61

SITZENDE IN ROTEM KLEID, 1917

Öl auf Leinwand, 105 x 52,2 cm

Signiert rechts unten.

Inv. 587

62

BAUER MIT KAPPE, 1902/03

Öl auf Leinwand, 51,3 x 35,7 cm

Unsigniert, undatiert; rückseitig: Nachlaß-Stempel.

Inv. 414

63

LANDSCHAFT MIT ÄHRENGARBEN, 1902/03

Öl auf Leinwand, 37,8 x 37,8 cm

Unsigniert, undatiert; rückseitig: Nachlaß-Stempel.

Inv. 143

64

PLAKAT ZUR 8. AUSSTELLUNG DER WIENER SECESSION

Farblithographie auf Papier, 138 x 100 cm

Typographisch bezeichnet.

Inv. 3037

65

PLAKAT ZUR 15. AUSSTELLUNG DER WIENER SECESSION, 1902

Farblithographie auf Papier, Originalgröße 189 x 63 cm

Typographisch bezeichnet rechts unten.

Inv. 3035

66

BADENDE, 1896/97

Öl auf Holz, 16,5 x 26,2 cm

Nachlaß-Bestätigung rückseitig.

Inv. 288

67

VORNÜBERGEBEUGTER, KNIENDER AKT

Farbkreide auf Papier, 18,3 x 23,8 cm

Nachlaß-Stempel am Untersatz links unten.

Inv. 1851

A N T O N   F I L K U K A   (Wien 1888–1957 Wien)

68

GEWITTERLANDSCHAFT, 1915

Öl auf Leinwand, 88 x 130 cm

Signiert und datiert rechts unten.

Inv. 598

69

SITZENDES JUNGES MÄDCHEN, 1894

Öl auf Holz, 14 x 9,6 cm

Signiert rechts oben.

Inv. 4146

70

DER BLINDE, 1896

Öl auf Leinwand, 66 x 53,2 cm

Unsigniert, undatiert.

Inv. 4144

71

STILLER WEIHER (EGELSEE IN OBERÖSTERREICH), 1899

Öl auf Leinwand, 75,1 x 75,1 cm

Signiert.

Inv. 2007

72

ATTERSEE, 1901

Öl auf Leinwand, 80,2 x 80,2 cm

Signiert links unten.

Inv. 4148

73

ZWEI SICH UMFANGENDE NACKTE FRAUEN (»VER SACRUM«), 1903

Blauer Farbstift auf Papier, 43,2 x 31 cm

Nachlaß-Stempel links unten.

Inv. 1342

74

»AUFZIEHENDES GEWITTER« (DIE GROSSE PAPPEL II), 1903

Öl auf Leinwand, 100,8 x 100,7 cm

Unsigniert, undatiert.

Inv. 2008

75

STEHENDES NACKTES MÄDCHEN, DIE RECHTE HAND AN DER BRUST, 1906

Roter Farbstift auf Papier, 54,7 x 33,6 cm

Nachlaß-Stempel rückseitig.

Inv. 1374

76

LIEGENDES NACKTES MÄDCHEN MIT HALSKRAUSE, 1905/06

Bleistift und roter Farbstift auf Papier, 37 x 56 cm

Signiert links unten.

Inv. 1319

77

»TOD UND LEBEN«, 1910/15

Öl auf Leinwand, 180,5 x 200,5 cm

Signiert rechts unten.

Inv. 630

78

STUDIE ZUM BILD »JUDITH«, UM 1908

Bleistift, schwarze Kreide, Gouache auf Papier, 54,2 x 34,5 cm

Nachlaß-Stempel Vorderseite rechts unten.

Inv. 1376

79

SITZENDE MIT GERAFFTEM ROCK, 1910

Bleistift, roter und blauer Farbstift auf Papier, 56 x 37 cm

Nachlaß-Stempel links unten.

Inv. 1290

80

SITZENDE DAME, UM 1910

Bleistift und roter Farbstift, weiß gehöht auf Papier, 55,3 x 36,4 cm

Nachlaß-Stempel Vorderseite rechts unten.

Inv. 1318

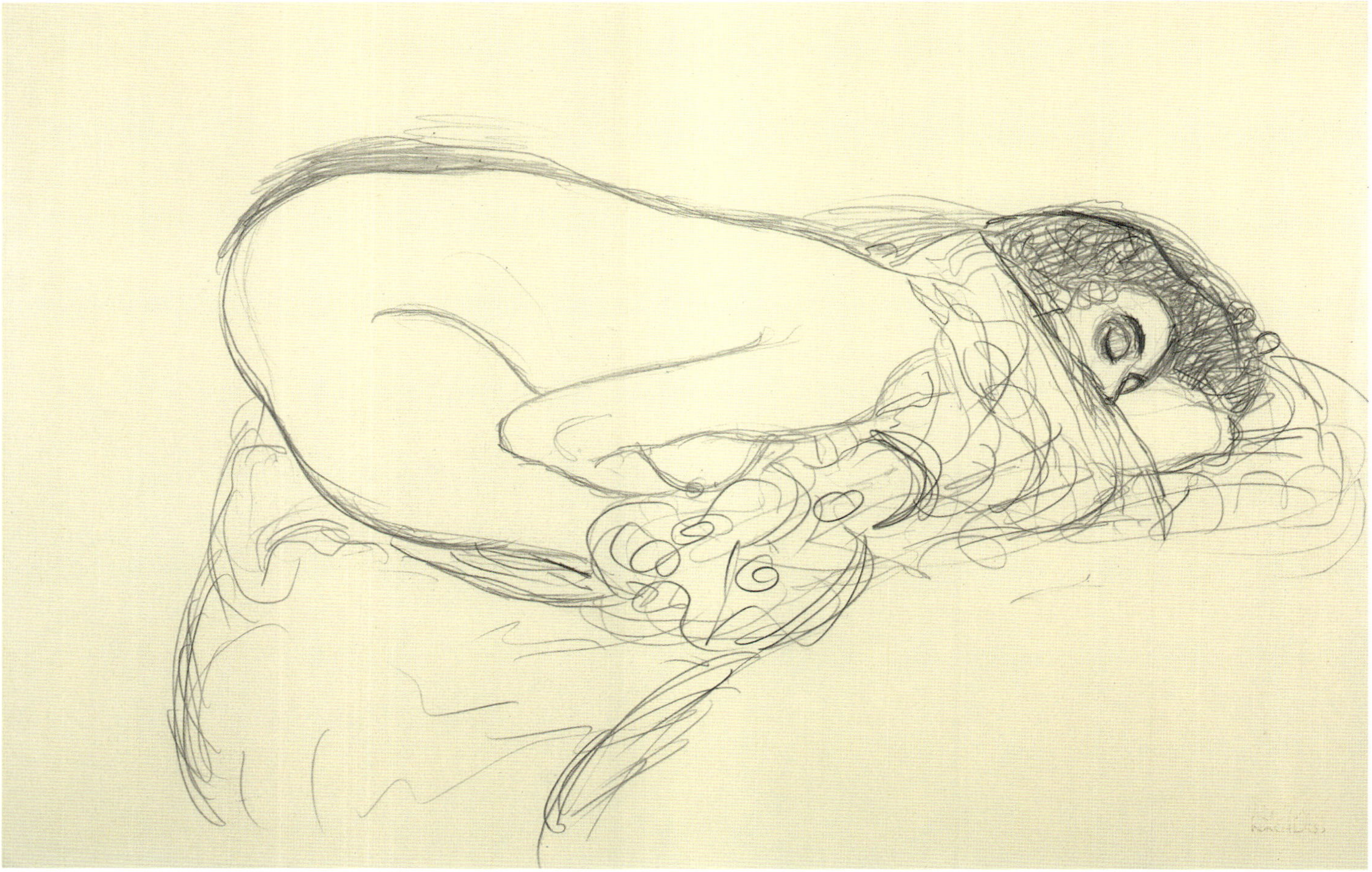

81

VORNÜBERGEBEUGTER HALBAKT (VORARBEIT ZUM BILD »LEDA«), 1913/14

Bleistift auf Papier, 37 x 56 cm

Nachlaß-Stempel Vorderseite rechts unten.

Inv. 1375

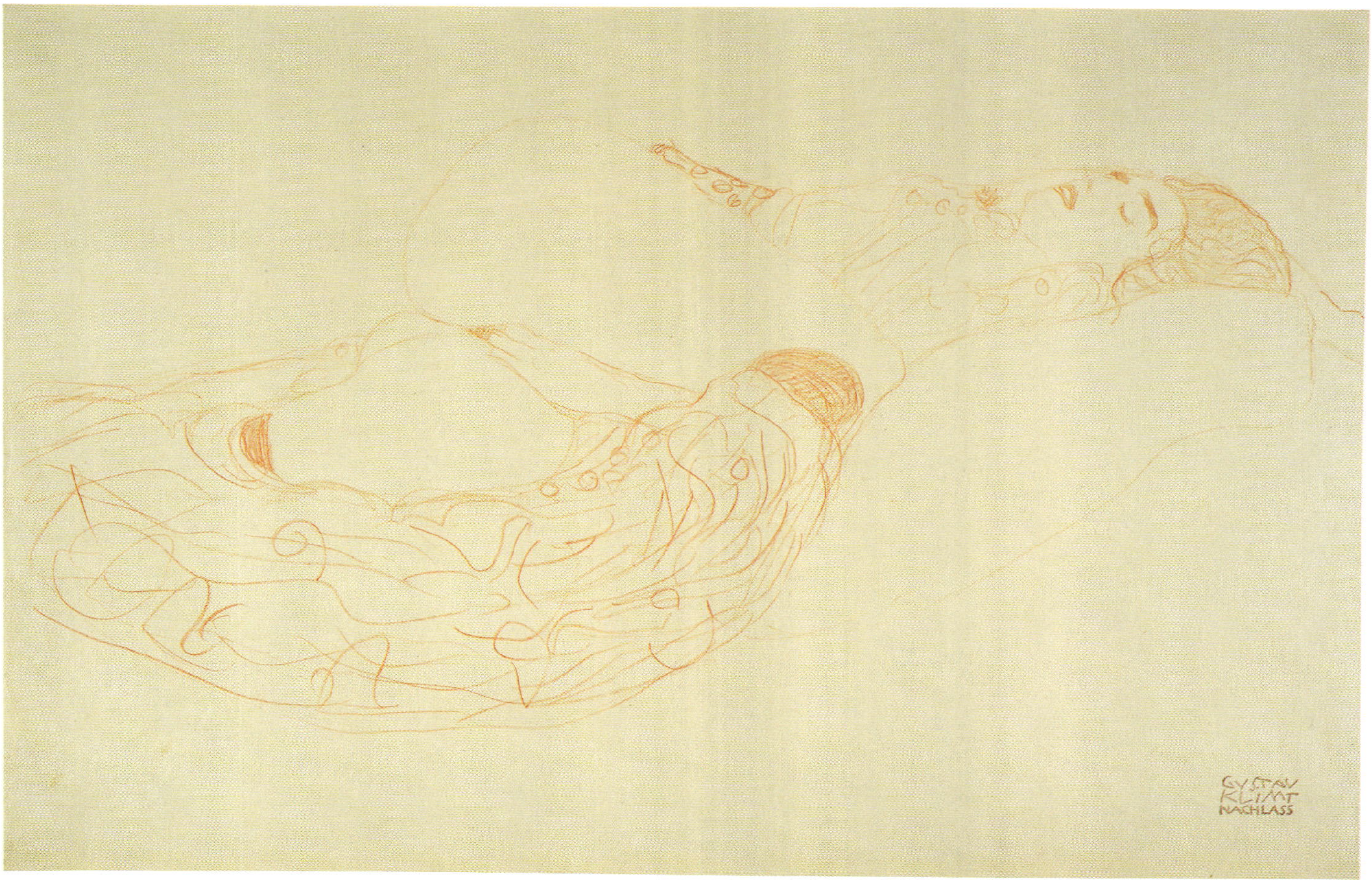

82

LIEGENDER HALBAKT (MASTURBIEREND), 1912/13

Roter Farbstift auf Papier, 36,1 x 56 cm

Nachlaß-Stempel Vorderseite rechts unten.

Inv. 1377

83

TANZENDE MIT UMHANG, 1917/18

Bleistift auf Papier, 56 x 37,3 cm

Nachlaß-Stempel Vorderseite links unten.

Inv. 1373

84

ZWEI AKTE, DER LINKE MIT ERHOBENEN ARMEN, 1916/17

Bleistift auf Papier, 56,5 x 36,7 cm

Nachlaß-Stempel links unten.

Inv. 1301

85

FRAUENKOPF (IM PROFIL NACH RECHTS)

Öl auf Leinwand, 42,2 x 34,5 cm

Monogramm-Stempel zweimal rückseitig.

Inv. 2076

86

PLAKAT ZUR »14. AUSSTELLUNG DER WIENER SECESSION, 1902«, (KLINGER/BEETHOVEN UND KLIMT-FRIES) 1902

Farblithograpie auf Papier, 210 x 79,5 cm

Unsigniert, undatiert.

Inv. 3029

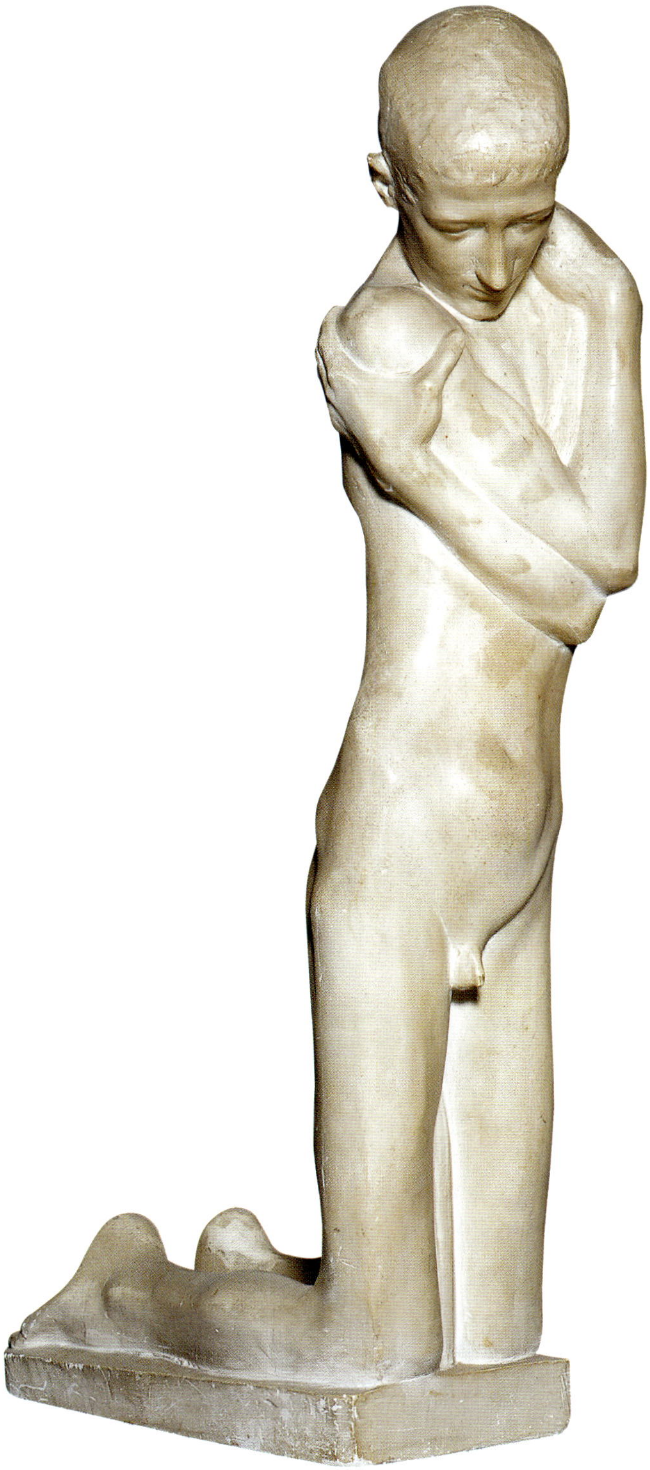

87

KNIENDER KNABE, 1897

Gipsmodell für die knienden Knaben des »Folkwangbrunnens« in Hagen/Westfalen, Höhe 74 cm

Inv. 4596

88

WINTER AUF DER HOHEN WARTE, UM 1912/14

Öl auf Leinwand, 79,5 x 80 cm

Signiert links unten.

Inv. 281

89

BLUMEN IN GLASVASE, UM 1925/26

Öl auf Leinwand, 60 x 60,5 cm

Monogrammiert rechts unten.

Inv. 337

90

RINGELBLUMEN

Öl auf Leinwand, 50,3 x 50,2 cm

Signiert unten Mitte; rückseitig: Nachlaß-Stempel.

Inv. 151

91

WOTAN UND BRÜNHILDE, 1914/15

Öl auf Leinwand, 50,5 x 75,2 cm

Unsigniert, undatiert.

Inv. 585

92

»VENUS IN DER GROTTE«, 1914/15

Öl auf Leinwand, 75,5 x 62,7 cm

Signiert links unten.

Inv. 583

93

»DER WANDERER«, 1914/15

Öl auf Leinwand, 75,5 x 62,4 cm

Signiert links unten.

Inv. 584

94

BERGKETTEN, 1913

Öl auf Leinwand, 37 x 50,3 cm

Signiert und datiert links unten.

Inv. 503

95

KASTANIENBLÜTEN, 1915/16

Öl auf Leinwand, 76 x 75,5 cm

Unsigniert; rückseitig zweimal Nachlaß-Stempel.

Inv. 631

96

»LOSLÖSUNG«, 1896

Lithographie in Blau auf Papier (besonders kontrastreich), 55,2 x 80,5 cm

Signiert und datiert in die Platte rechts unten; handsigniert rechts unten.

Inv. 2641

97

»DIE SÜNDE««

Lithographie in Braun auf Papier, 85,5 x 58,2 cm

Nachlaß-Bestätigung; rückseitig: Stempel des Munch-Museums in Oslo.

Inv. 2972

98

MÜHLGRABEN, 1907

Tusche, Aquarell und Spritztechnik auf Papier, 28 x 20,3 cm

Monogrammiert und datiert rechts unten.

Inv. 1250

99

ACKERRAIN MIT BÄUMEN, UM 1903

Schablonendruck aquarelliert auf Papier, 34,7 x 32 cm

Signiert rechts unten.

Inv. 1557

VON DEN ARCHITEKTEN OTTO WAGNER,
JOSEF HOFFMANN UND KOLOMAN MOSER
ENTWORFENE GEGENSTÄNDE (SAMT EINEM
DEKORATIVEN ENTWURF K. MOSERS)

100
TISCHLAMPE (WIENER WERKSTÄTTE), UM 1903/04
Weißmetall, gehämmert, Höhe 57 cm
Inv. 4587

101
AUFSATZSCHALE (WIENER WERKSTÄTTE), UM 1903/04
Metall, versilbert, 23 cm x 12,5 cm
Inv. 4525

102

DOSE MIT DECKEL, UM 1910

Gitter lackiert mit Glaseinsatz, Höhe 17 cm

Inv. 4180

103

GEFÄSS FÜR BLUMEN (WIENER WERKSTÄTTE), UM 1903/04

Weißmetall, gehämmert, 10,4 cm x 38,5 cm

Inv. 4604

104

DEKORATIVER ENTWURF

Bleistift und Deckfarben auf Papier, 42 x 33,5 cm

Unsigniert, undatiert.

Inv. 2722

105

GLASVASE MIT MESSINGARMIERUNG

Glas und Messing, Höhe 27,2 cm

Inv. 4557

106

INTARSIERTER SCHRANK, 1904

Holz, Elfenbein, Perlmutter und Metall, intarsiert, Höhe 210 cm

Inv. 4150

107

STUHL FÜR DIE ÖSTERREICHISCHE POSTSPARKASSE, 1902

Holz, Höhe 78 cm

Inv. 4157

108
HOCKER FÜR DIE ÖSTERREICHISCHE POSTSPARKASSE, 1902
Holz, Höhe 47 cm
Inv. 4155

DREI »EINZELGÄNGER«

Albin Egger-Lienz

Alfred Kubin

Richard Gerstl

109

DÄMMRIGER WALD, 1910

Öl auf Leinwand, 64,8 x 92,8 cm

Signiert rechts unten.

Inv. 485

110

MITTAGESSEN (»DIE SUPPE«, II. FASSUNG), 1910

Öl auf Leinwand, 97 x 140,5 cm

Signiert links oben.

Inv. 715

111

BERGMÄHER (I. FASSUNG), 1907

Öl auf Leinwand, 94,3 x 149,7 cm

Signiert rechts unten.

Inv. 716

112

KNABE AN DER QUELLE (»DIE QUELLE«), 1923

Öl auf Leinwand, 105 x 145 cm

Signiert links unten.

Inv. 531

113

ALMLANDSCHAFT IM ÖTZTAL, 1911

Öl auf Leinwand, 32,8 x 53,5 cm

Unsigniert, undatiert.

Inv. 519

114

SIGMUNDSKRON, 1920/21

Öl auf Karton, 57 x 71,4 cm

Signiert links unten.

Inv. 593

115

DIE SCHNITTER BEI AUFZIEHENDEM GEWITTER, UM 1922

Öl auf Leinwand, 83,8 x 138,7 cm

Signiert rechts unten.

Inv. 532

116

»PIETÀ«, 1926

Öl auf Leinwand, 173 x 231 cm

Unsigniert, undatiert.

Inv. 4126

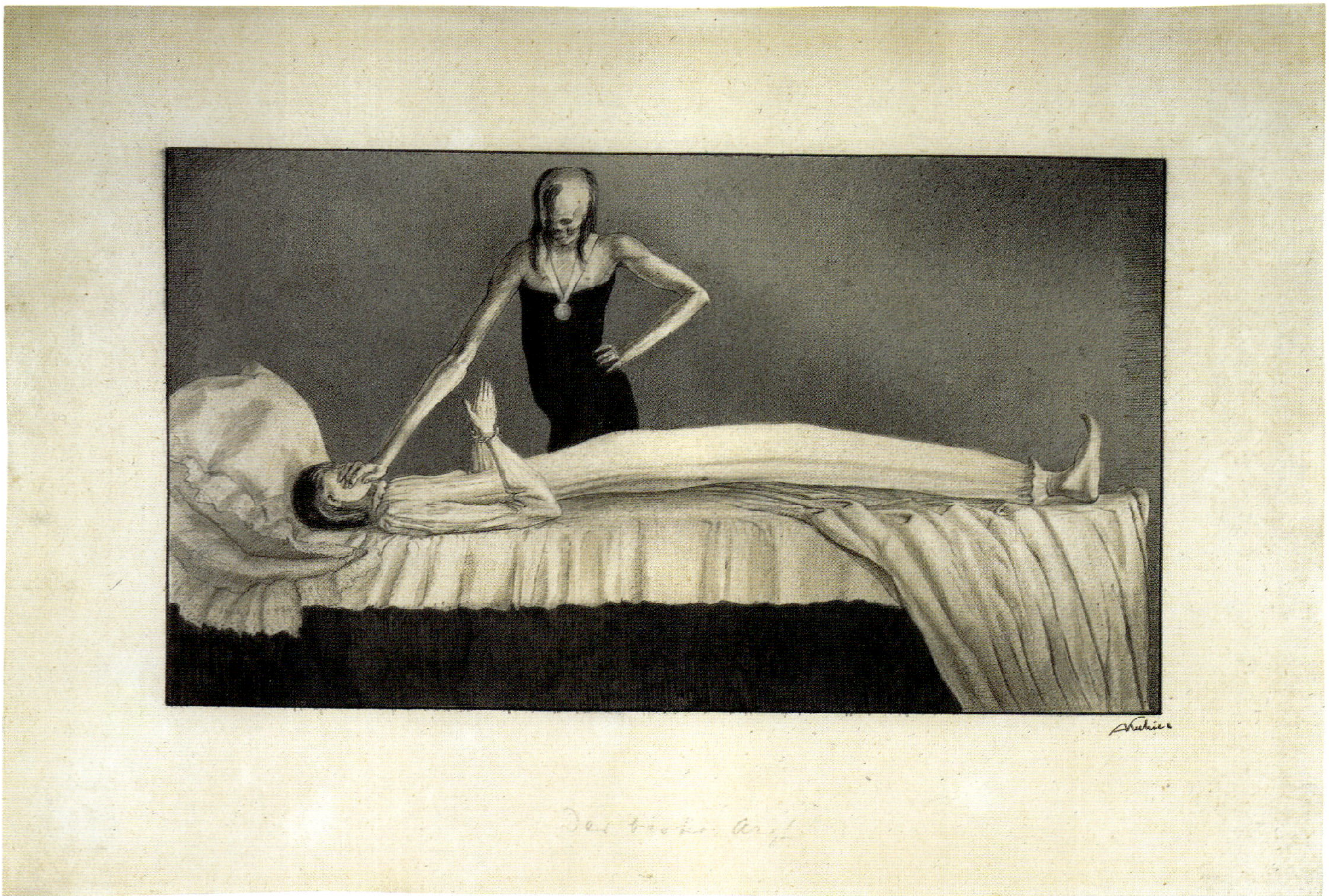

117

»DER BESTE ARZT«, 1901

Tusche, Feder, Aquarell und Spritztechnik auf Papier, 27,3 x 38,7 cm

Signiert rechts unten.

Inv. 928

118

»DAS GRAUSEN«, 1901/02

Tusche, Feder laviert, Spritztechnik auf Papier, 32,5 x 30,8 cm

Signiert in der Darstellung rechts unten und bezeichnet unten Mitte.

Inv. 879

119

»DAS LETZTE ABENTEUER«, 1901/02

Tusche, Feder, Aquarell und Spritztechnik auf Papier, 24,7 x 36,8 cm

Signiert rechts unten und bezeichnet links unten.

Inv. 919

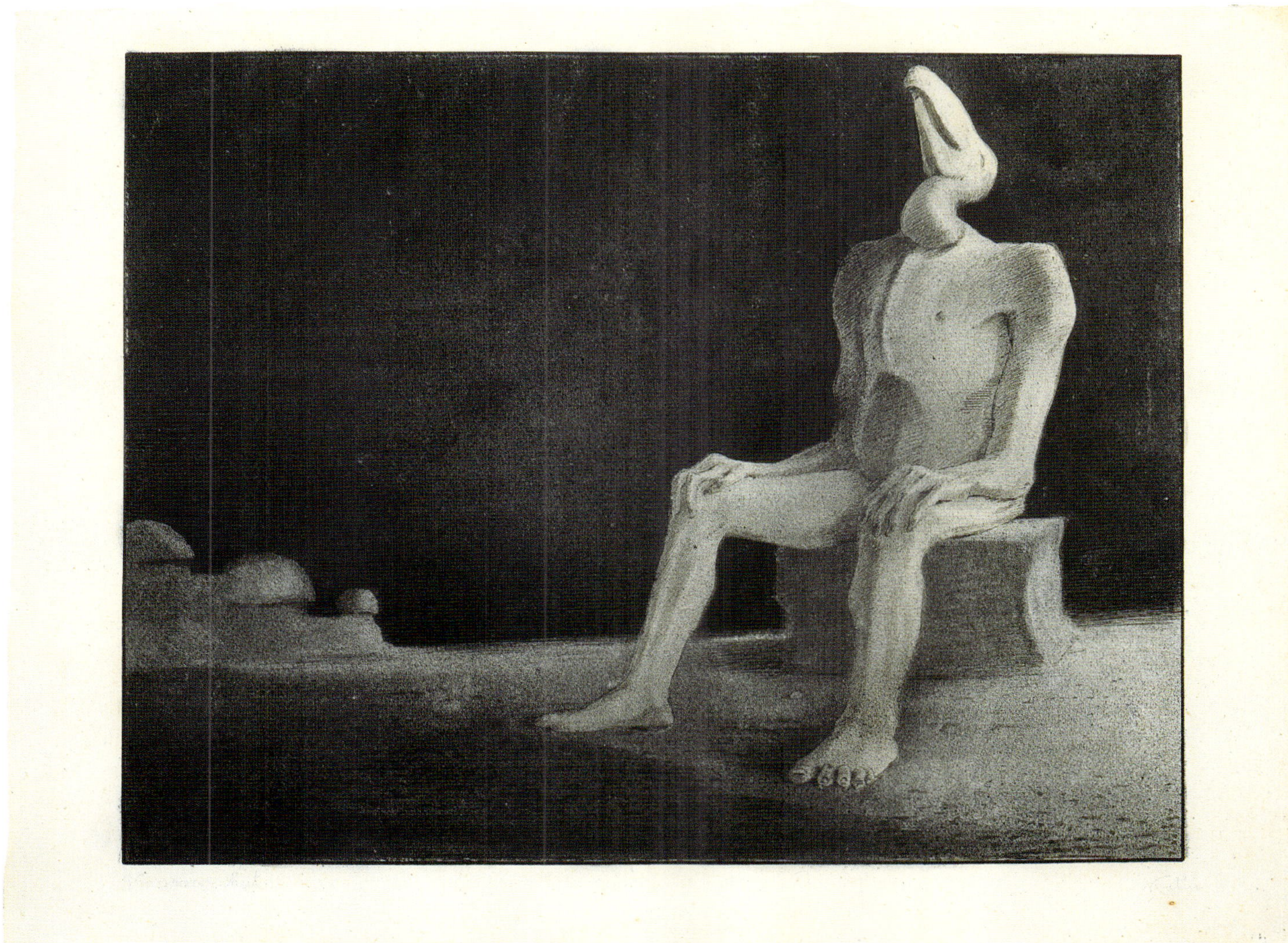

120
»VERGANGENHEIT (VERGESSEN-VERSUNKEN)«, 1901/02
Tusche, Feder, Aquarell und Spritztechnik auf Papier, 30,6 x 39,5 cm
Signiert rechts unten und bezeichnet links unten.
Inv. 922

121

DER TEUFEL AUF DEM SCHORNSTEIN, 1901/02

Tusche, Feder, Aquarell und Spritztechnik auf Papier, 31,5 x 39,4 cm

Signiert rechts unten.

Inv. 925

122

»HUNGERSNOT«, 1901

Tusche, Feder, Aquarell und Spritztechnik auf Papier, 31,5 x 39,4 cm

Signiert rechts unten, bezeichnet und gewidmet links unten.

Inv. 917

123

»DER MENSCH«, 1902

Tusche, Aquarell und Spritztechnik auf Papier, 38,5 x 31,6 cm

Signiert rechts unten.

Inv. 910

124

»SCHWARMGEISTER«, 1902/03

Tusche, Feder, Aquarell und Spritztechnik auf Papier, 31,7 x 39,8 cm

Signiert rechts unten und bezeichnet links unten.

Inv. 1027

125

HEXE UND WASSERSCHLANGE, 1905/06

Mischtechnik auf Papier, 33,1 x 36,4 cm

Signiert rechts unten.

Inv. 883

126

DER TOD ALS REITER, UM 1906

Kleistertechnik auf Papier, 28,8 x 47,5 cm

Signiert rechts unten.

Inv. 874

127

»DER NARR DER WELT«, 1911/12

Tusche und Feder auf Papier, 39,3 x 31,7 cm

Signiert rechts unten und bezeichnet links unten.

Inv. 1010

128

»LICHTGOTT«, 1911/12

Tusche, Feder auf Papier, 39,7 x 32,2 cm

Signiert rechts unten.

Inv. 1009

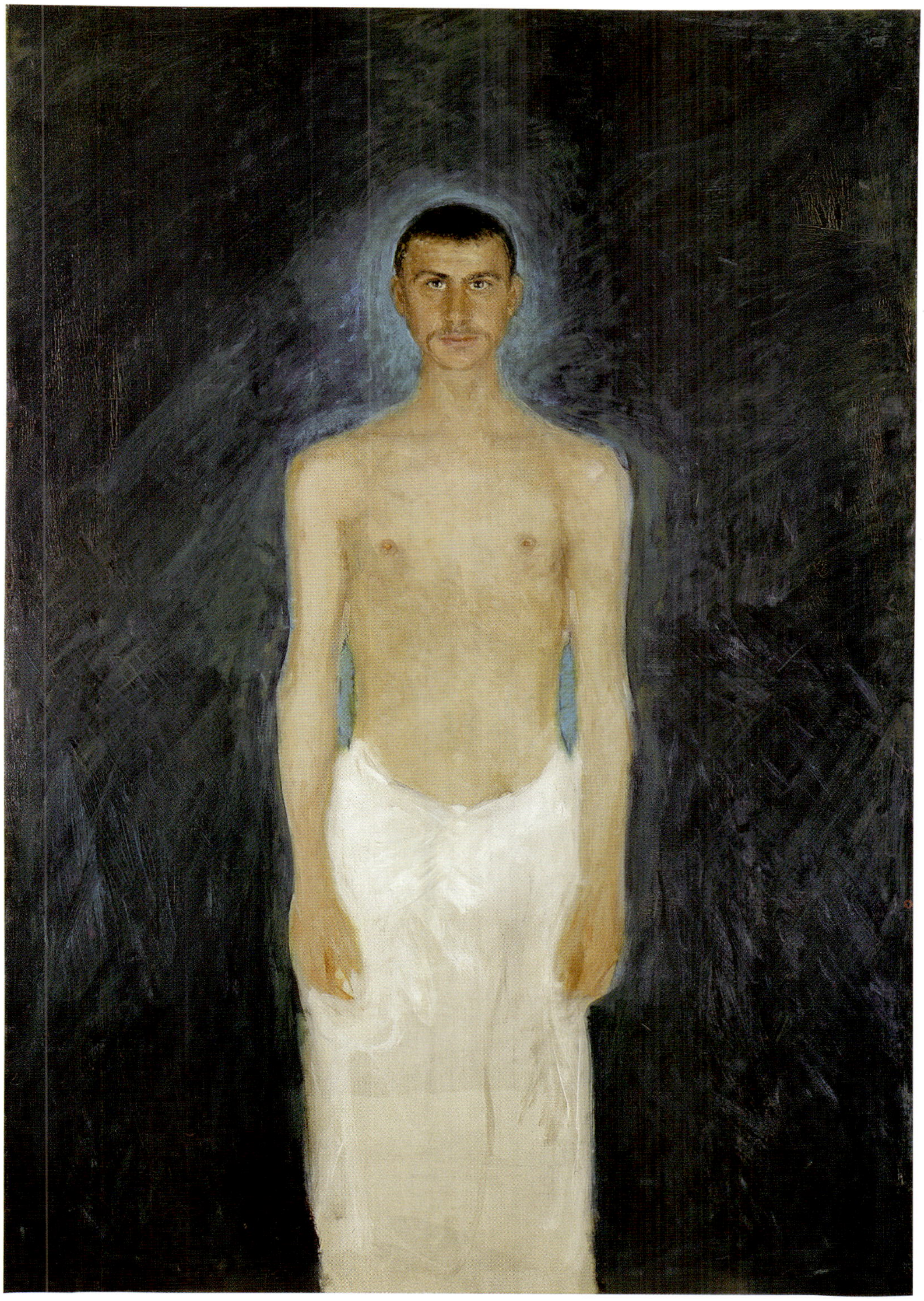

129

SELBSTBILDNIS ALS HALBAKT, 1904/05

Öl auf Leinwand, 159 x 109 cm

Unsigniert, undatiert; rückseitig: Nachlaß-Bestätigung.

Inv. 637

130

UFERSTRASSE BEI GMUNDEN, 1908

Öl auf Leinwand, 32,3 x 33,2 cm

Unsigniert, undatiert; rückseitig: Nachlaß-Bestätigung.

Inv. 643

131

TRAUNSEE MIT »SCHLAFENDER GRIECHIN«, 1908

Öl auf Leinwand, 37,7 x 39,3 cm

Unsigniert, undatiert.

Inv. 646

132
SONNIGE WIESE MIT OBSTBÄUMEN, 1907
Öl auf Leinwand, 44 x 34,7 cm
Unsigniert, undatiert; rückseitig: Nachlaß-Bestätigung.
Inv. 640

133

BILDNIS HENRIKA COHN, 1908

Öl auf Leinwand, 147,8 x 111,5 cm

Unsigniert, undatiert; rückseitig auf Leinwand bezeichnet.

Inv. 650

134

MATHILDE SCHÖNBERG IM GARTEN (RÜCKSEITE: FRAGMENT EINER SELBSTDARSTELLUNG, LACHEND), 1908

Öl auf Leinwand, 171 x 61 cm

Unsigniert, undatiert; rückseitig: Nachlaß-Bestätigung.

Inv. 642

135

SELBSTAKT MIT PALETTE, 1908

Öl auf Leinwand, 139,3 x 100 cm

Datiert rechts unten.

Inv. 651

EXPRESSIONISTEN

Josef Eberz

Albert Paris Gütersloh

Anton Hanak

Ernst Ludwig Kirchner

Oskar Kokoschka

Max Oppenheimer

Georges Rouault

Egon Schiele

136
FLUSSLANDSCHAFT, 1916
Öl auf Karton, 34 x 39,2 cm
Signiert und datiert links unten.
Inv. 52

137

FRAUENBILDNIS, 1914

Öl auf Leinwand, 54,6 x 38,5 cm

Unsigniert, undatiert.

Inv. 81

138

STILLEBEN MIT SESSEL, 1912

Öl auf Leinwand, 60,7 x 60 cm

Monogrammiert und datiert links oben.

Inv. 83

139

LIEGENDER FRAUENAKT MIT AUFGESTÜTZTEN BEINEN, UM 1915

Tintenblei mit Wasser vermischt auf Papier, 18,3 x 27,3 cm

Unsigniert, undatiert; rückseitig: Echtheitsbestätigung.

Inv. 1253

140

HOCKENDER FRAUENAKT, UM 1915

Tintenblei mit Wasser vermischt auf Papier, 24,4 x 19,3 cm

Unsigniert, undatiert.

Inv. 1252

E R N S T   L U D W I G   K I R C H N E R

(Aschaffenburg 1880–1938 Frauenkirch-Wildboden)

141

LIEBESPAAR

Lithograpie auf Papier, 50,5 x 59,8 cm

Unsigniert, undatiert; rückseitig: Nachlaß-Stempel.

Inv. 1812

142

AKTE IM ATELIER, 1912

Öl auf Leinwand, 80,6 x 70,5 cm

Unsigniert, undatiert.

Inv. 197

143

DER SOGENANNTE SAVOYARDENKNABE, 1912/13

Schwarze Kreide auf Papier, 31,5 x 25,4 cm

Unsigniert, undatiert.

Inv. 4668

144

SICH AUFSTÜTZENDES NACKTES MÄDCHEN, 1907

Bleistift auf Papier, 44,5 x 30,8 cm

Signiert links Mitte.

Inv. 4664

145

ALMA MAHLER UND OSKAR KOKOSCHKA, 1913

Kohle und weiße Kreide auf Papier, 43,5 x 31 cm

Signiert und datiert rechts unten.

Inv. 4667

146

»PIETÀ« (PLAKAT FÜR DAS SOMMERTHEATER IN DER »KUNSTSCHAU« 1909), 1909

Farblithographie auf Papier, 125 x 82 cm

Typographisch bezeichnet.

Inv. 2673

147

LIEBESPAAR MIT KATZE (VORARBEIT ZUM GLEICHNAMIGEN GEMÄLDE), 1917

Tusche und Aquarell auf Papier, 32,5 x 43,2 cm

Signiert rechts unten.

Inv. 2522

148

TRE CROCI – DOLOMITENLANDSCHAFT, 1913

Öl auf Leinwand, 79,5 x 120,3 cm

Bezeichnet links unten.

Inv. 624

149

SELBSTBILDNIS, EINE HAND ANS GESICHT GELEGT, 1918/19

Öl auf Leinwand, 83,6 x 62,7 cm

Signiert links oben.

Inv. 623

150

SITZENDES MÄDCHEN, 1921

Gouache auf Papier, 68 x 49,5 cm

Signiert rechts unten.

Inv. 778

151

BILDNIS TILLA DURIEUX, UM 1912

Öl auf Leinwand, 95,5 x 78,9 cm

Signiert rechts unten.

Inv. 443

152

STEHENDE NACKTE FRAU MIT ERHOBENEN ARMEN, 1908

Öl auf Leinwand, 82 x 60 cm

Unsigniert, undatiert.

Inv. 629

153

KOMPOSITION DREIER MÄNNERAKTE, 1910

Bleistift und Tusche auf Papier, 18,5 x 20,3 cm

Unsigniert, undatiert.

Inv. 1459

154

SITZENDER MÄNNERAKT (SELBSTDARSTELLUNG), 1910

Öl und Deckfarben auf Leinwand, 152,5 x 150 cm

Unsigniert, undatiert.

Inv. 465

155

SICH AUFSTÜTZENDER RÜCKENAKT, 1910

Schwarze Kreide und Gouache auf Papier, 44,7 x 30,2 cm

Signiert und datiert unten Mitte.

Inv. 1451

156

KNIENDE IN ORANGEROTEM KLEID, 1910

Schwarze Kreide und Gouache auf Papier, 44,6 x 31 cm

Signiert links unten.

Inv. 1453

157

HOCKENDER WEIBLICHER AKT, 1910

Schwarze Kreide, Gouache und Deckweiß auf Papier, 44,4 x 31 cm

Signiert und datiert halbrechts Mitte.

Inv. 1456

158

SELBSTBILDNIS, 1910

Schwarze Kreide und Gouache auf Papier, 44,3 x 30,5 cm

Monogrammiert und datiert rechts unten.

Inv. 1458

159

SELBSTAKT, 1910

Schwarze Kreide, Gouache, Deckweiß auf Papier, 44,9 x 31,3 cm

Signiert und datiert rechts Mitte; rückseitig: Signiert und datiert rechts unten.

Inv. 2320

160

SELBSTBILDNIS IN SCHWARZEM GEWAND, 1910

Bleistift und Gouache auf Papier, 45,1 x 30,9 cm

Signiert rechts Mitte.

Inv. 1447

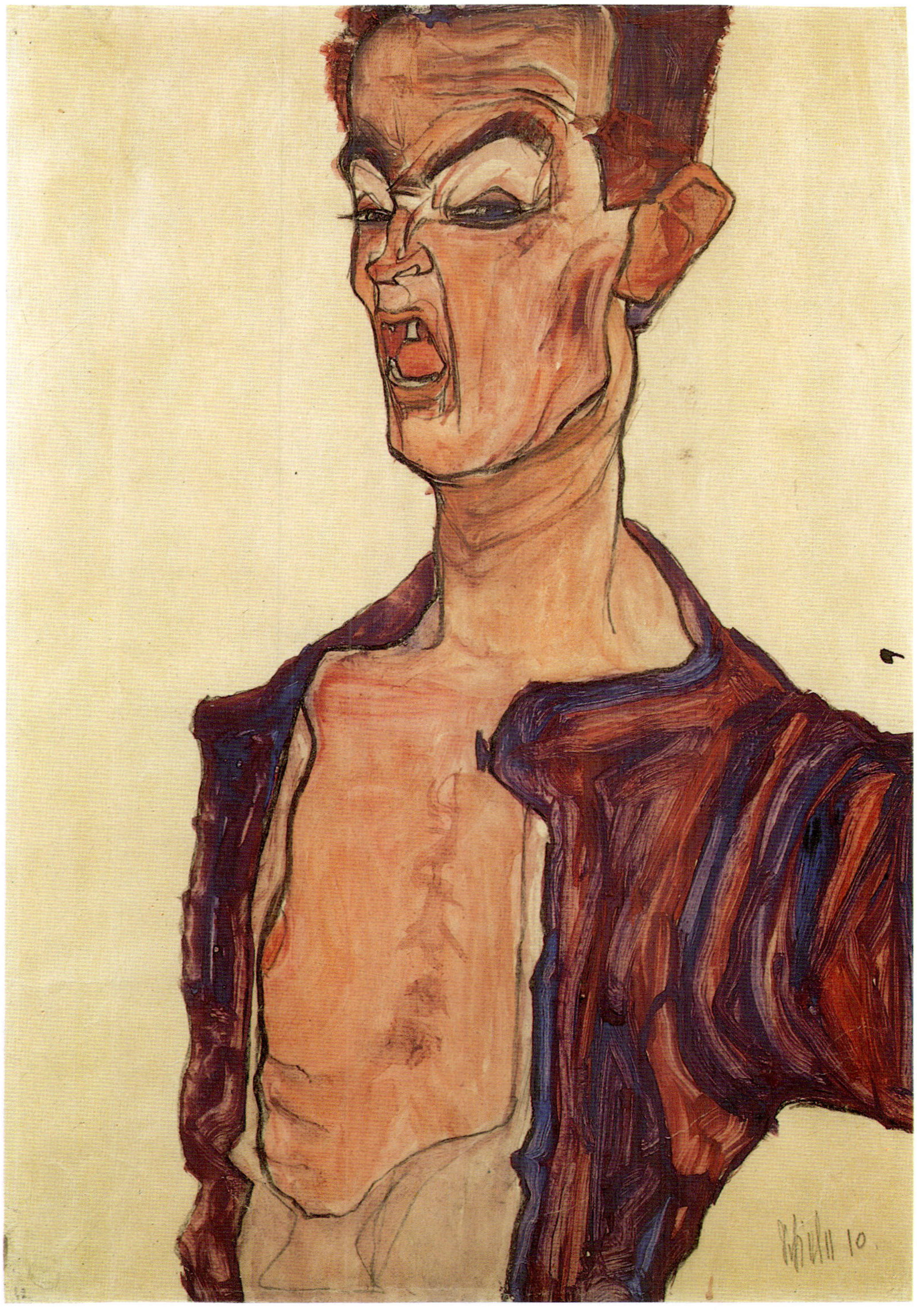

161

SELBSTDARSTELLUNG, GRIMASSIEREND, 1910

Schwarze Kreide und Gouache auf Papier, 45,3 x 30,7 cm

Signiert und datiert rechts unten.

Inv. 2312

162

»TOTE MUTTER« (I), 1910

Bleistift und Öl auf Holz, 32 x 25,7 cm

Signiert rechts oben.

Inv. 475

163
»SELBSTSEHER« (AUCH »TOD UND MANN«), 1911
Öl auf Leinwand, 80,5 x 80 cm
Signiert und datiert links unten.
Inv. 451

164

»DER LYRIKER«, 1911

Öl auf Leinwand, 80,5 x 80 cm

Signiert und datiert links oben.

Inv. 450

165

SELBSTDARSTELLUNG MIT GESPREIZTEN FINGERN, 1911

Bleistift, Gouache, weiß gehöht auf Papier, 52,5 x 28 cm

Signiert links unten.

Inv. 1383

166

»TOTE STADT« (III), 1911

Öl und Deckfarben auf Holz, 37,3 x 29,8 cm

Signiert rechts oben.

Inv. 460

167

SCHWARZHAARIGES MÄDCHEN, 1911

Bleistift und Gouache auf Papier, 55,9 x 37,8 cm

Monogrammiert und datiert rechts Mitte.

Inv. 2307

168
»MOA«, 1911
Bleistift, Aquarell, Deckfarben auf Papier, 47,8 x 31,5 cm
Signiert und datiert rechts Mitte, bezeichnet unten rechts.
Inv. 2310

169

KLEINER BAUM IM SPÄTHERBST, 1911

Öl auf Holz, 42 x 33,5 cm

Signiert und datiert rechts unten.

Inv. 459

170

»RABENLANDSCHAFT«, 1911

Öl auf Leinwand, 95,8 x 89 cm

Signiert rechts unten.

Inv. 527

171

SELBSTBILDNIS MIT GESENKTEM KOPF, 1912

Öl auf Holz, 42,2 x 33,7 cm

Signiert rechts unten.

Inv. 462

172

»EREMITEN«, 1912

Öl auf Leinwand, 181 x 181 cm

Signiert links unten (dreimal).

Inv. 466

173

TRAUERNDE FRAU, 1912

Öl auf Holz, 42,5 x 34 cm

Signiert rechts unten.

Inv. 461

174

KARDINAL UND NONNE (»LIEBKOSUNG«), 1912

Öl auf Leinwand, 69 x 80 cm

Signiert und datiert rechts unten.

Inv. 455

175

SELBSTBILDNIS MIT JUDENKIRSCHEN, 1912

Öl und Deckfarben auf Holz, 32,4 x 40,2 cm

Signiert rechts unten.

Inv. 454

176

NACH VORN GEBEUGTER AKT MIT BLAUEN STRÜMPFEN, 1912

Bleistift und Gouache auf Papier, 37,5 x 28,9 cm

Signiert und datiert links unten.

Inv. 1441

177

HERBSTBAUM IN BEWEGTER LUFT, 1912

Öl auf Leinwand, 80 x 80,5 cm

Signiert und datiert rechts Mitte.

Inv. 449

178

»VERSINKENDE SONNE«, 1913

Öl auf Leinwand, 89 x 90,5 cm

Signiert rechts oben Mitte; Rückseite: »Versinkende Sonne«.

Inv. 625

179

MUTTER UND TOCHTER, 1913

Bleistift und Gouache auf Papier, 47,9 x 31,9 cm

Signiert und datiert rechts unten.

Inv. 1436

180

»ANDACHT«, 1913

Bleistift und Gouache auf Papier, 48,3 x 32cm

Signiert, datiert und bezeichnet rechts unten.

Inv. 2311

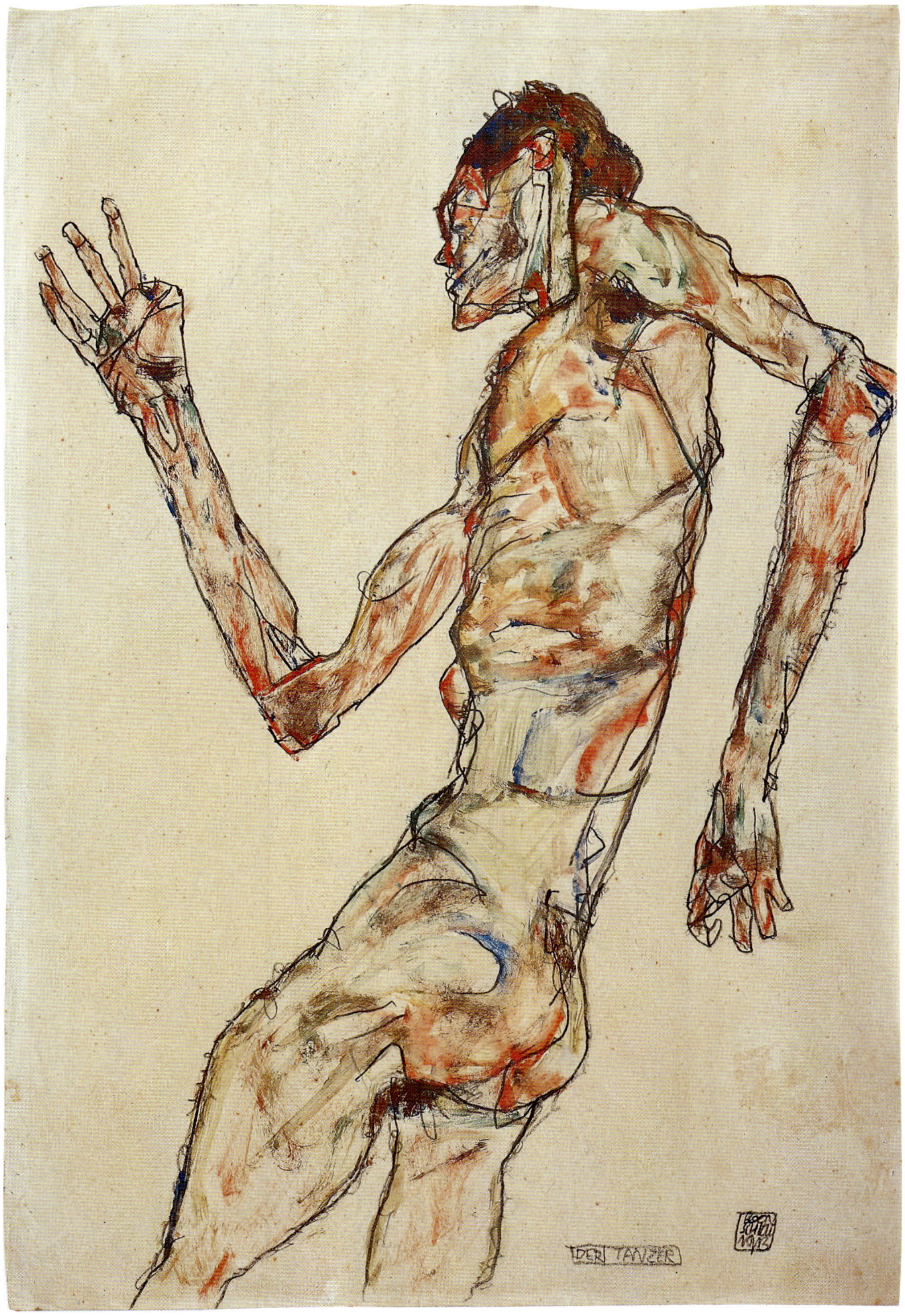

181

»DER TÄNZER« (RÜCKSEITE: SKIZZE EINES WEIBLICHEN AKTES), 1913

Bleistift und Gouache auf Papier, 46,5 x 31,6 cm

Signiert und bezeichnet rechts unten; rückseitig: Skizze eines weiblichen Aktes.

Inv. 1434

182

ALTER GIEBEL, 1913

Gouache auf Papier, 30 x 48,6 cm

Signiert rechts unten.

Inv. 1413

183

KAUERNDE MIT GRÜNEM KOPFTUCH, 1914

Bleistift und Gouache auf Papier, 47 x 31 cm

Unsigniert, undatiert.

Inv. 1431

184

MUTTER UND KIND, 1914

Bleistift und Gouache auf Papier, 48,2 x 31,9 cm

Signiert und datiert links unten.

Inv. 2313

185

»BLINDE MUTTER«, 1914

Öl auf Leinwand, 99 x 120 cm

Signiert rechts unten.

Inv. 483

186

SELBSTBILDNIS IN POSE, 1914

Bleistift auf Papier, 47,3 x 30,3 cm

Signiert und datiert rechts unten.

Inv. 1430

187

KAUERNDER MÄDCHENAKT, 1914

Schwarze Kreide und Gouache auf Papier, 30,7 x 45,3 cm

Signiert rechts unten.

Inv. 1398

188

HÄUSER MIT BUNTER WÄSCHE (»VORSTADT« I), 1914

Öl auf Leinwand, 99 x 120,7 cm

Signiert unten links Mitte.

Inv. 528

189

SITZENDER HALBAKT MIT BLAUEM HAARBAND, 1914

Bleistift und Gouache auf Papier, 47,4 x 31,3 cm

Signiert und datiert unten Mitte.

Inv. 1425

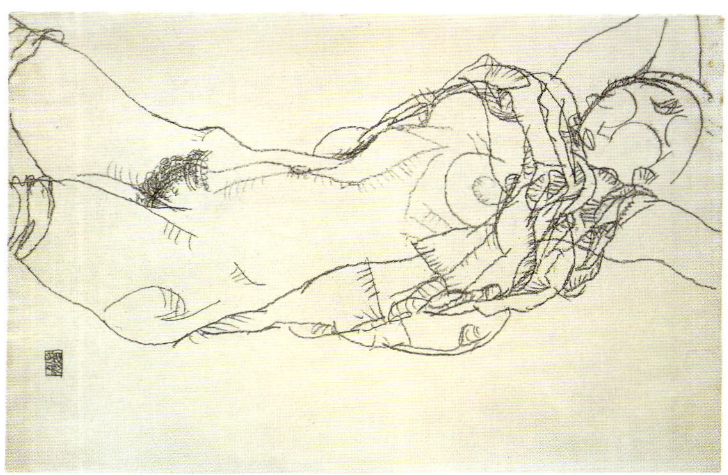

190
SICH UMARMENDE NACKTE MÄDCHEN, 1914
Bleistift und Gouache auf Papier, 48 x 31,2 cm
Signiert und datiert rechts unten.
Inv. 1426

191
LIEGENDE MIT HOCHGESCHOBENEM HEMD, 1914
Bleistift auf Papier, 31,8 x 48,1 cm
Signiert links unten.
Inv. 1409

192

LIEBESPAAR, 1914/15

Bleistift, Aquarell, Deckfarben auf Papier, 47,4 x 30,5 cm

Unsigniert, undatiert; Sammlerstempel links unten.

Inv. 2321

193

DER HÄUSERBOGEN (»INSELSTADT«), 1915

Öl auf Leinwand, 110,5 x 140,5 cm

Signiert und datiert rechts Mitte.

Inv. 456

194

VORZEICHNUNG MIT FARBANGABEN ZUM BILD DES HÄUSERBOGENS, 1914

Bleistift auf Papier, 43,7 x 31,9 cm

Signiert und datiert rechts unten.

Inv. 2308

195

LIEBESAKT, 1915

Bleistift und Gouache auf Papier, 52 x 33,5 cm

Signiert rechts unten.

Inv. 1419

196

ZEICHENSTUDIE ZUM LIEBESAKT, 1915

Bleistift auf Papier, 30 x 49,2 cm

Signiert rechts unten.

Inv. 1406

197

SELBSTDARSTELLUNG MIT ROTEN HAAREN, 1915

Bleistift und Gouache auf Papier, 44 x 27,9 cm

Signiert und datiert links unten.

Inv. 1422

198

AKT EINES MÄDCHENS MIT HOCHGEZOGENEM RECHTEM BEIN, 1915

Bleistift und Gouache auf Papier, 47,1 x 31,5 cm

Signiert links unten.

Inv. 1421

199

»ENTSCHWEBUNG«, 1915

Öl und Deckfarben auf Leinwand, 200 x 172 cm

Signiert links unten.

Inv. 467

200

HAUS MIT SCHINDELDACH, 1915

Öl auf Leinwand, 110 x 140 cm

Signiert rechts unten.

Inv. 469

201

ZEICHNUNG ZUM »HAUS MIT SCHINDELDACH«, 1914

Bleistift auf Papier, 43,3 x 31,8 cm

Signiert und datiert rechts unten.

Inv. 1428

202
HAUSWAND AM FLUSS, 1915
Öl auf Leinwand, 109,5 x 140 cm
Signiert rechts unten.
Inv. 468

203

EDITH IN GESTREIFTEM KLEID, STEHEND, 1915

Bleistift auf Papier, 48 x 29,5 cm

Unsigniert, undatiert.

Inv. 1420

204

EDITH MIT GESTREIFTEM KLEID, SITZEND, 1915

Bleistift und Gouache auf Papier, 50 x 40 cm

Signiert und datiert rechts Mitte.

Inv. 4147

205

SCHREIBTISCH IM KRIEGSGEFANGENENLAGER MÜHLING, 1916

Bleistift, Gouache, farbige Tinten, Farbkreiden auf Papier, 46 x 29,7 cm

Signiert und datiert unten Mitte.

Inv. 2360

206

EINJÄHRIG FREIWILLIGER GEFREITER, 1916

Bleistift und Gouache auf Papier, 48 x 31,3 cm

Signiert rechts Mitte.

Inv. 1418

207
»LIEGENDE FRAU«, 1917
Öl auf Leinwand, 90 x 171 cm
Signiert unten rechts Mitte.
Inv. 626

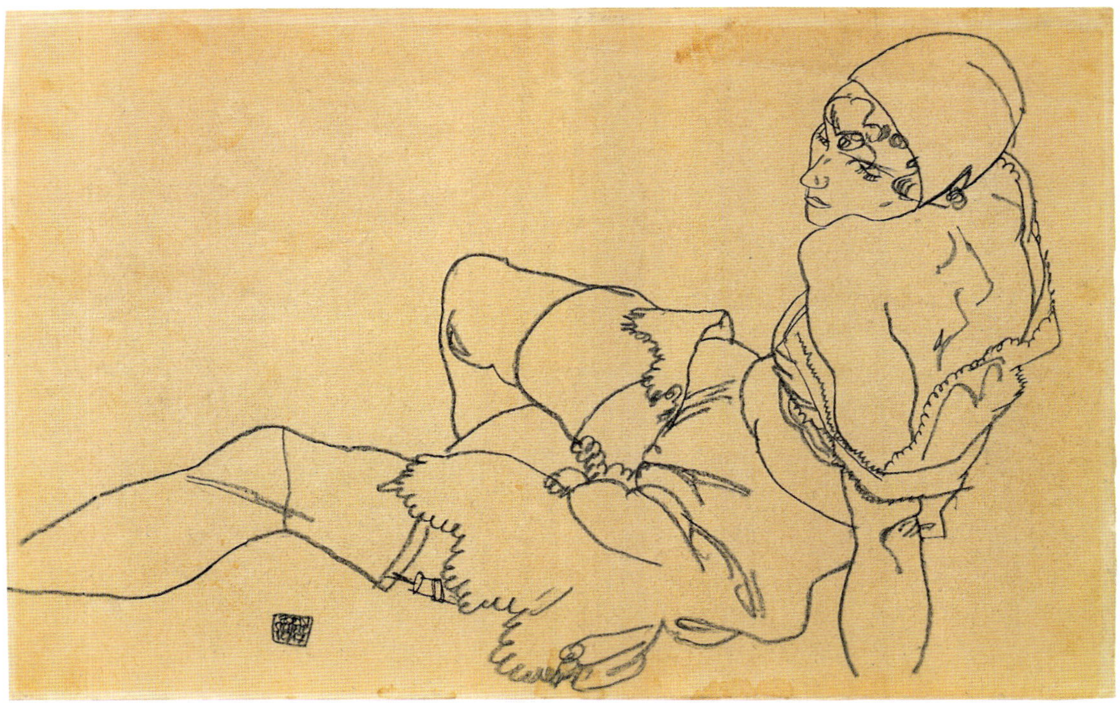

208

KNIENDES MÄDCHEN, AUF BEIDE ELLBOGEN GESTÜTZT, 1917

Schwarze Kreide und Gouache auf Papier, 28,7 x 44,3 cm

Signiert rechts unten.

Inv. 1397

209

SICH AUFSTÜTZENDE IN UNTERWÄSCHE, 1917

Schwarze Kreide auf Papier, 29,1 x 45,3 cm

Signiert links unten.

Inv. 1399

210

EDITH SCHIELE, STERBEND, 1918

Schwarze Kreide auf Papier, 42 x 29,7 cm

Signiert und datiert links unten.

Inv. 2382

KÜNSTLER DER »ZWISCHENKRIEGSZEIT« (DEREN FRÜHE WERKE IN MANCHEN FÄLLEN BEREITS AB 1910 ENTSTANDEN)

Robin Christian Andersen

Ernst Barlach

Max Beckmann

Leopold Birstinger

Herbert Boeckl

Hans Böhler

Arnold Clementschitsch

Lovis Corinth

Josef Dobrowsky

Jean Egger

Jehudo Epstein

Anton Faistauer

Gerhart Frankl

Ernst Huber

Ludwig Heinrich Jungnickel

Robert Kohl

Anton Kolig

Oskar Laske

Franz Lerch

Sergius Pauser

Oskar Stössel

Josef Stoitzner

Wilhelm Thöny

Heinrich Tomec

Alfons Walde

Franz Wiegele

Georg Philipp Wörlen

ROBIN CHRISTIAN ANDERSEN (Wien 1890–1969 Wien)

211

STILLEBEN MIT BLAUER FLASCHE, UM 1930

Öl auf Leinwand, 54,4 x 44 cm

Signiert rechts oben.

Inv. 420

212

STILLEBEN AUF WEISSER TISCHPLATTE

Öl auf Holzfaserplatte, 52 x 67 cm

Signiert links oben.

Inv. 423

E R N S T   B A R L A C H   (Wedel/Holstein 1870–1938 Rostock)

213

ZWEI KRÜPPEL

Bleistift auf Papier, 33,8 x 25 cm

Signiert links unten.

Inv. 4023

MAX BECKMANN (Leipzig 1884–1950 New York)

214

NACKTTANZ IM ABENDKAFFEE, 1922

Lithographie auf Papier, 68,5 x 54 cm

Signiert rechts unten, als Nr. 85 von 100 links unten.

Inv. 1578

L E O P O L D   B I R S T I N G E R (Wien 1903–1983 Wien)

215

GARTENTOR, HÄUSER UND ROTE SONNE

Mischtechnik auf Papier, 42,8 x 62 cm

Signiert links unten.

Inv. 2439

216

SELBSTDARSTELLUNG NEBEN FENSTER MIT ABENDHIMMEL

Öl auf Holzfaserplatte, 73,5 x 103,5 cm

Unsigniert, undatiert.

Inv. 611

217

LIEGENDER FRAUENAKT, 1919

Öl auf Leinwand, 111 x 158 cm

Signiert rechts oben.

Inv. 2115

218

GRUPPE AM WALDRAND, 1920

Öl auf Leinwand, 168,2 x 158,9 cm

Unsigniert, undatiert.

Inv. 632

219

BERLINER FABRIK, 1921

Öl auf Leinwand, 37,3 x 28 cm

Signiert rechts unten.

Inv. 518

220

STILLEBEN MIT TOTER TAUBE, 1922

Öl auf Leinwand, 44,5 x 72,4 cm

Bezeichnet links unten.

Inv. 523

221
BADENDE AM KLOPEINER SEE, 1922
Öl auf Leinwand, 67,4 x 53,6 cm
Unsigniert, undatiert.
Inv. 521

222

STILLEBEN MIT ORANGEN UND KRUG (»PALERMO«), 1924

Öl auf Leinwand, 40,7 x 57,3 cm

Unsigniert, undatiert.

Inv. 522

223
OBSTGARTEN, 1918/19
Gouache auf Papier, 37,7 x 48,3 cm
Unsigniert, undatiert.
Inv. 1274

224
STÜRZENDER MÄNNERAKT, 1919
Schwarze Kreide auf Papier, 36 x 48,5 cm
Unsigniert, undatiert.
Inv. 1257

225

GROSSE SIZILIANISCHE LANDSCHAFT, 1924

Öl auf Leinwand, 77 x 108,2 cm

Signiert links unten.

Inv. 529

226

SPANIERIN, 1919

Öl auf Leinwand, 79,5 x 70 cm

Unsigniert, undatiert.

Inv. 703

227

STADT IN SPANIEN

Öl auf Leinwand, 70 x 80 cm

Unsigniert, undatiert; rückseitig: Nachlaß-Stempel.

Inv. 702

228

NEGERJUNGE, 1915

Öl auf Leinwand, 71 x 59,2 cm

Signiert rechts unten.

Inv. 4137

229
SÜDLÄNDISCHES STÄDTCHEN, 1918/19
Öl auf Holz, 26,6 x 35 cm
Unsigniert, undatiert; rückseitig: Echtheitsbestätigung.
Inv. 516

230
SÜDLÄNDISCHE HÄUSER MIT KIRCHE AM WASSER, 1918/19
Öl auf Holz, 26 x 35 cm
Unsigniert, undatiert.
Inv. 515

231

BADENER LANDSCHAFT, 1925

Öl auf Leinwand, 63 x 78,7 cm

Signiert links unten; rechts unten datiert.

Inv. 609

232
SITZENDE MIT BLUMEN, 1927
Öl auf Leinwand, 72,8 x 93 cm
Unsigniert, undatiert.
Inv. 612

ARNOLD CLEMENTSCHITSCH (Villach 1887–1970 Wien)

233

STRASSENSZENE, 1920

Öl auf Leinwand, 87 x 116 cm

Signiert rechts unten.

Inv. 448

234
WALCHENSEELANDSCHAFT, 1923
Öl auf Leinwand, 74,3 x 98,7 cm
Signiert links unten.
Inv. 109

235

BILDNIS ALFRED KUHN, 1923

Öl auf Karton, 62,2 x 51,6 cm

Signiert links oben.

Inv. 2091

236

MALER AN DER STAFFELEI, 1925

Öl auf Holz, 42,1 x 32,5 cm

Unsigniert, undatiert.

Inv. 622

237

KINDER UND FRAUEN IN LANDSCHAFT MIT BAUERNHAUS, 1924

Öl auf Holz, 65,2 x 81,5 cm

Monogrammiert und datiert links unten.

Inv. 63

238

LANDSCHAFT MIT RUINE AGGSTEIN, 1926

Öl auf Karton, 43,1 x 54,5 cm

Signiert und datiert links unten.

Inv. 14

239

LIEGENDER AKT MIT ERHOBENEN ARMEN

Öl auf Leinwand, 50,2 x 63,2 cm

Signiert rechts unten.

Inv. 103

240

KIRCHE HINTER BÄUMEN

Aquarell und Gouache auf Papier, 48,5 x 63 cm

Signiert links unten.

Inv. 3910

241

VOR DER SCHNEESCHMELZE, 1936

Öl auf Leinwand, 60,2 x 72,8 cm

Signiert und datiert rechts unten.

Inv. 31

242

FRAUENBILDNIS

Öl auf Leinwand, 90 x 73,5 cm

Signiert rechts oben.

Inv. 38

243
STRASSENBIEGUNG IN YBBS AN DER DONAU
Öl auf Karton, 46 x 59,3 cm
Unsigniert, undatiert.
Inv. 78

244

PORTRAIT PAINLEVE, 1929

Öl auf Leinwand, 65,5 x 100,3 cm

Signiert rechts unten.

Inv. 689

245

MICHIKO MEINL (GEBORENE TANAKA) MIT BLUMENSTRAUSS, 1929

Öl auf Leinwand, 113,9 x 82,4 cm

Signiert links unten.

Inv. 530

246

BÄUERLICHES INTERIEUR, 1908

Öl auf Leinwand, 67 x 80,2 cm

Signiert rechts unten.

Inv. 1249

247

ALTE MÜHLE BEI MAISHOFEN, 1911

Öl auf Leinwand, 39,9 x 45,5 cm

Signiert links unten.

Inv. 370

248

MEERESKÜSTE, 1912

Öl auf Leinwand, 61,8 x 72,1 cm

Signiert und datiert rechts.

Inv. 359

249

STILLEBEN MIT KAFFEETASSEN, 1912

Öl auf Leinwand, 71,5 x 74,5 cm

Signiert und datiert rechts oben.

Inv. 362

250

STRASSE NACH DÜRNSTEIN, 1913

Öl auf Leinwand, 67,7 x 82,4 cm

Monogrammiert und datiert rechts oben.

Inv. 363

251

RITTERSPORN IN KERAMIKKRUG, 1913

Öl auf Leinwand, 67,5 x 42,2 cm

Signiert und datiert rechts oben.

Inv. 520

252
WACHAULANDSCHAFT, 1913
Öl auf Leinwand, 66,4 x 82,3 cm
Signiert rechts oben.
Inv. 364

253

GATTIN DES KÜNSTLERS, 1919

Öl auf Leinwand, 85,2 x 69 cm

Signiert und datiert rechts oben.

Inv. 1978

254

DAME MIT DUNKLEM HUT, 1917

Öl auf Leinwand, 66,2 x 50,2 cm

Signiert und datiert links Mitte.

Inv. 112

255

STEINBRUCH BEI GIESSHÜBEL, 1929

Öl auf Leinwand, 53,8 x 77 cm

Signiert rechts unten.

Inv. 2103

256

DÄCHER MIT SCHORNSTEINEN, IM HINTERGRUND BERGE, 1924

Öl auf Leinwand, 57 x 70,3 cm

Unsigniert, undatiert.

Inv. 2102

257

STILLEBEN MIT WEINGLAS, FISCHEN UND ZITRONEN, 1929

Öl auf Leinwand, 69 x 48 cm

Signiert rechts oben (Stempel).

Inv. 2094

258

BLUMEN IN KERAMIKKRUG, 1927

Öl auf Leinwand, 62,5 x 53 cm

Signiert und datiert rechts oben.

Inv. 2095

259
STILLEBEN MIT HUMMER, 1928
Öl auf Leinwand, 45,7 x 68 cm
Signiert links unten.
Inv. 2101

260

DIE KATHEDRALE VON REIMS, 1929

Öl auf Leinwand, 60,5 x 97 cm

Signiert, datiert und bezeichnet rechts unten.

Inv. 2104

E R N S T   H U B E R   (Wien 1895–1960 Wien)

261

WALDBACH IM WINTER

Öl auf Leinwand, 37 x 101 cm

Unsigniert, undatiert.

Inv. 1233

L U D W I G   H E I N R I C H   J U N G N I C K E L

(Wunsiedel, Oberfranken 1881–1965 Wien)

262

ZWEI ANTILOPEN

Lithographie auf Papier, überzeichnet und handkoloriert, 44,5 x 32 cm

Signiert rechts unten.

Inv. 3744

263

SICH UMARMENDE AFFEN

Schwarze Kreide auf Papier, 37 x 32,8 cm

Signiert rechts unten.

Inv. 3760

264

FRÜHLINGSLANDSCHAFT, 1944

Aquarell auf Papier, 44,4 x 56,6 cm

Signiert und datiert unten Mitte.

Inv. 3715

265

KÄMPFENDE LÖWINNEN, 1922

Schwarze Kreide und Aquarell auf Papier, 33,5 x 57 cm

Signiert und datiert rechts unten.

Inv. 3773

266

MENSCHENGRUPPE MIT HUND, 1930

Öl auf Leinwand, 52,2 x 64,9 cm

Unsigniert, undatiert.

Inv. 2306

267

STRASSENSZENE, 1930

Öl auf Leinwand, 77,5 x 87,1 cm

Unsigniert, undatiert.

Inv. 661

268

JÜNGLING MIT AMOR, 1911

Öl auf Leinwand, 168 x 108,8 cm

Unsigniert, undatiert.

Inv. 196

269

STILLEBEN MIT ÄPFELN UND WEINTRAUBEN, 1912

Öl auf Leinwand, 49,2 x 63,5 cm

Signiert rechts unten.

Inv. 507

270

DIE HANDARBEITSLEHRERIN, 1920

Öl auf Leinwand, 138 x 87 cm

Unsigniert, undatiert.

Inv. 353

271

SITZENDER JÜNGLING, 1919

Öl auf Leinwand, 152 x 93,1 cm

Unsigniert, undatiert.

Inv. 406

272

SELBSTBILDNIS IN BLAUER JACKE, 1926

Öl auf Leinwand, 126,9 x 78,8 cm

Unsigniert, undatiert.

Inv. 199

273

»DAS PELZCHEN« (DES KÜNSTLERS TOCHTER ANTOINETTE), 1930

Öl auf Leinwand, 125 x 78,2 cm

Unsigniert, undatiert.

Inv. 351

274

»DIE SONNENSUCHER«, 1947

Öl auf Leinwand, 78,2 x 96 cm

Unsigniert, undatiert.

Inv. 193

275

»SEHNSUCHT«, 1922

Öl auf Leinwand, 179,7 x 123,6 cm

Monogrammiert und datiert rechts unten.

Inv. 200

276

»KONSTANTINOPEL/GOLDENES HORN«, UM 1911/12

Gouache auf Papier, 36 x 49,5 cm

Signiert und bezeichnet wie im Titel Mitte unten.

Inv. 2386

277

»MONNIKENDAM / HOLLAND«, 1910

Gouache auf Papier, 39,3 x 45,6 cm

Signiert, datiert und bezeichnet wie im Titel links unten.

Inv. 2385

278

SITZENDES MÄDCHEN, 1928

Öl auf Holz, 69 x 56,5 cm

Signiert und datiert rechts unten.

Inv. 229

SERGIUS PAUSER (Wien 1896–1970 Klosterneuburg/NÖ)

279

GARTEN IN SÜDFRANKREICH, UM 1935

Öl auf Leinwand, 60,5 x 73,3 cm

Unsigniert, undatiert.

Inv. 5269

OSKAR STÖSSEL (Neunkirchen, Niederösterreich 1879–1964 Wien)

280

MARKUSPLATZ IN VENEDIG

Öl auf Leinwand, 69,7 x 79,8 cm

Signiert rechts unten.

Inv. 762

281

HERBSTLANDSCHAFT MIT »BRENNENDEN LÄRCHEN«

Öl auf Leinwand, 90,7 x 140,6 cm

Signiert rechts unten.

Inv. 407

282

BILDSTOCK IM SCHNEE

Öl auf Karton, 64,9 x 49,5 cm

Signiert rechts unten.

Inv. 332

283

BEGEGNUNG (NONNE UND SCHWARZ GEKLEIDETER MANN), UM 1925

Aquarell auf Papier, 21,1 x 27,2 cm

Unsigniert, undatiert; rückseitig: Nachlaß-Stempel.

Inv. 1832

284

STADT BEI NACHT

Aquarell auf Papier, 13,6 x 18,2 cm

Unsigniert, undatiert; rückseitig: Nachlaß-Stempel.

Inv. 1829

HEINRICH TOMEC (Prag 1863–1928 Wien)

285

HERBSTLICHER WALD MIT REH (»AM DAMBACH«) 1909

Öl auf Karton auf Leinwand, 80,2 x 59,9 cm

Signiert rechts unten.

Inv. 2092

286

VORFRÜHLING, »ES APPERT«

Öl auf Karton, 31,2 x 39,4 cm

Unsigniert, undatiert; rückseitig bezeichnet und Nachlaß-Stempel.

Inv. 367

287

LANDSCHAFT NACH SONNENUNTERGANG, UM 1913

Öl auf Papier, 17,7 x 25,1 cm

Unsigniert, undatiert.

Inv. 1994

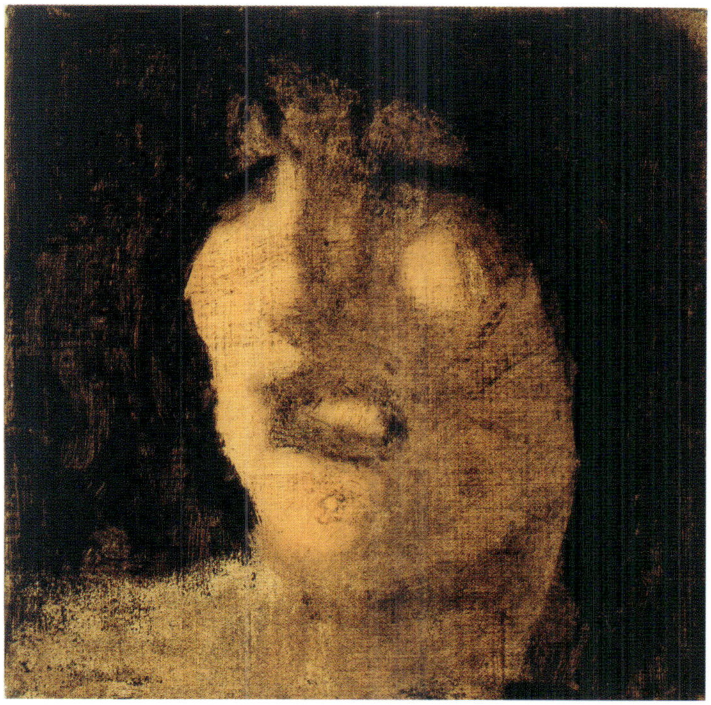

288
FRAUENANTLITZ, UM 1912
Öl auf Karton mit Leinwandprägung, 17,8 x 17,2 cm
Unsigniert, undatiert; rückseitig: Nachlaßbestätigung.
Inv. 1993

289
TELLER MIT ÄPFELN
Öl auf Holz, 27,5 x 29,8 cm
Unsigniert, undatiert; rückseitig: Nachlaßbestätigung.
Inv. 427

290

»DER KURZE TAG«, 1925/26

Öl auf Karton, 43,2 x 70,1 cm

Signiert rechts unten.

Inv. 335

291

»BERGMUTTER«

Öl auf Karton, 70,8 x 49,5 cm

Signiert rechts unten.

Inv. 334

292
BUCHT AM MEER (ELBA), 1914
Öl auf Leinwand, 60 x 58,5 cm
Unsigniert, undatiert.
Inv. 270

293
LIEGENDER WEIBLICHER AKT, 1920
Bleistift auf Papier, 24,7 x 40,7 cm
Unsigniert, undatiert.
Inv. 1386

294

STILLEBEN VOR RUNDEM FENSTER, UM 1930

Öl auf Leinwand, 59,1 x 53 cm

Ursigniert, undatiert.

Inv. 563

295

FRAUENGRUPPE, 1922

Öl auf Leinwand, 115,1 x 85,4 cm

Signiert links oben.

Inv. 712

296

WALD, UM 1922

Öl auf Leinwand, 100,5 x 55,5 cm

Signiert links unten.

Inv. 709

ANHANG

Biographie

Literatur

Ausstellungen

BIOGRAPHIE RUDOLF LEOPOLDS

Rudolf Leopold.
Sammler, Stifter und museologischer Direktor
des Leopold Museum

Rudolf Leopold wurde am 1. März 1925 in Wien geboren, besuchte das Gymnasium und die Oberschule ebenda und legte 1943 die Reifeprüfung ab. Nach dem Krieg studierte er zunächst Medizin an der Wiener Universität und promovierte 1953 zum Doktor der gesamten Heilkunde.

Nach Ablegung des ersten medizinischen Rigorosums begann Rudolf Leopold auch Vorlesungen der Kunstgeschichte zu besuchen und zugleich Bilder und Kunstobjekte zu sammeln. Vor allem die Werke Egon Schieles faszinierten ihn. Dabei kümmerten ihn weder das abschätzige Urteil der meisten österreichischen Kunsthistoriker – von Sammlern und Händlern ganz zu schweigen – noch das damalige Desinteresse fast aller ausländischen »Fachleute«, die Schiele höchstens als »lokales« Talent sahen. Nicht wenige fanden Schieles Werke pornographisch oder sogar »entartet«.

1955 stellte Leopold für eine Ausstellung moderner österreichischer Kunst im Stedelijk Museum in Amsterdam und in Eindhoven eine von den damaligen Usancen abweichende Auswahl von Werken Schieles zusammen, die dem Künstler den ersten großen internationalen Erfolg brachte. Der bisher unbekannte Schiele rückte – so befand der damals bekannteste Kunstkritiker Deutschlands, Albert Schulze Vellinghausen – mit einem Schlag in die erste Reihe der europäischen Künstler. Hatten frühere Bemühungen um Schiele in den USA kaum Erfolg gezeigt, war jetzt der Boden dafür in Europa vorbereitet. Das Museum of Modern Art in New York erwarb zum ersten Mal Aquarelle des Künstlers.

Rudolf Leopold versuchte durch weitere Ausstellungen, Schiele die ihm gebührende Anerkennung zu verschaffen: 1963 Museum Ferdinandeum in Innsbruck, Herbst 1964 Marlborough Fine Art in London. Der wesentliche Teil der dort gezeigten Schiele-Arbeiten wurde 1965 zusammen mit Werken Gustav Klimts im New Yorker Guggenheim Museum gezeigt. 1968 folgten drei Ausstellungen zum 50. Todestag in Wien, 1975 eine große Schau im Münchner Haus der Kunst.

Schon im Jahre 1959 verfaßte Leopold seinen ersten Aufsatz über Schiele. Von 1968 bis 1971 arbeitete er an seiner großen Schiele-Monographie, die ein kritisches Werkverzeichnis und erstmals einen genauen Motivnachweis enthält. Diese Arbeit ist nach wie vor von grundlegender wissenschaftlicher Bedeutung. Sie wird als Standardwerk häufig zitiert (wobei wichtige Erkenntnisse daraus leider wiederholt ohne Quellenangabe abgeschrieben wurden).

1989 bis 1991 wurde die von Leopold zusammengestellte Schau »Egon Schiele und seine Zeit« mit großem Erfolg in Zürich, Wien, München, Wuppertal und London gezeigt.

1995/96 stellte Rudolf Leopold 152 von ihm ausgewählte Werke Schieles erfolgreich in Tübingen, Düsseldorf und Hamburg aus. Die gleiche Auswahl wurde 1997 in der Neuen Galerie am Landesmuseum Joanneum in Graz, im Museum of Modern Art in New York und im Picasso Museum in Barcelona gezeigt. Im Sommer 1998 wurde die Ausstellung »Egon Schiele. Die Sammlung Leopold« in Schieles Heimatstadt Tulln präsentiert. Im Herbst desselben Jahres ging eine Auswahl an Exponaten an das Tiroler Landesmuseum Ferdinandeum in Innsbruck. Zur Weltausstellung 2000 in Hannover waren über 230 Kunstwerke in der renommierten Kestner-Gesellschaft zu sehen.

Die letzten Ausstellungen veranstaltete Rudolf Leopold bereits im Namen der 1994 von dem Stifter Leopold und der Republik Österreich mit Hilfe der Oesterreichischen Nationalbank gegründeten Leopold Museum-Privatstiftung, in die er selbst den größeren Teil der Kunstwerke als Schenkung eingebracht hat. Der Schwerpunkt der insgesamt 5286 Arbeiten umfassenden Sammlung ist die österreichische Malerei der ersten Hälfte des 20. Jahrhunderts mit Hauptwerken von Egon Schiele, Gustav Klimt, Richard Gerstl, Alfred Kubin, Albin Egger-Lienz, Koloman Moser, Oskar Kokoschka, Anton Faistauer, Anton Kolig, Herbert Boeckl und Wilhelm Thöny. Darüber hinaus gibt es viele herausragende Werke des 19. Jahrhunderts und der 2. Hälfte des 20. Jahrhunderts, sowie bedeutende außereuropäische Kunstobjekte aus Schwarzafrika, Ozeanien und dem fernen Osten. Das Ziel der Stiftung ist es, diese umfassende Sammlung durch den Museumsneubau der Öffentlichkeit zugänglich zu machen.

Für seine Leistungen auf dem Gebiet der bildenden Kunst erhielt Rudolf Leopold 1982 den Berufstitel Professor und 1997 das Ehrenkreuz für Wissenschaft und Kunst erster Klasse.

LITERATURAUSWAHL | AUSSTELLUNGEN*

Andersen, 1967
Robin Christian Andersen, Wiener Secession, Wien, 1967
Art International, 1958
Otto Benesch, Egon Schiele, in: Art International, Nr. 9–10, 1958
Auböck, 1985
Maria Auböck, Wien um 1900, Kunst und Kultur, Wien, München, 1985
Benesch, 1951
Otto Benesch, Egon Schiele als Zeichner, Druck und Verlag der Österreichischen Staatsdruckerei, Wien, 1951
Benesch, 1958
Otto Benesch, Egon Schiele und die Graphik des Expressionismus, in: Continuum: Zur Kunst Österreichs in der Mitte des 20. Jahrhunderts, Wien, 1958
Benesch, 1964
Otto Benesch, in: Studio International, 1964
Benesch, 1965
Heinrich Benesch, Mein Weg mit Egon Schiele, New York, 1965
Berger, 1988
John Berger, Glanz und Elend des Malers Picasso, Hamburg, 1988
Berlin, 1999
»Das XX. Jahrhundert«, Nationalgalerie Berlin, 1999
Bisanz, 1980
Hans Bisanz, Die uns verließen, Österreichische Maler und Bildhauer der Emigration und Verfolgung, 95. Wechselausstellung der Österreichischen Galerie, Wien, 1980
Blau, 1971
Tina Blau, 1845–1916, Eine Wiener Malerin, Österreichische Galerie im Oberen Belvedere, 67. Ausstellung der Österreichischen Galerie, Wien, 1971
Boeckl, 1989/1991
Herbert Boeckl (Ill.), Das Bild des Körpers, Herbert Boeckl, Körper und Räume, Hamburg, 1989/1991
Borowitz, 1974
Helene O. Borowitz, Youth as Metaphor and Image in Wedekind, Kokoschka, and Schiele, in: Art Journal, Jg. 33, Nr. 3, 1974, S. 219–225
Braun, 1912
Felix Braun, Wiener Frühjahrsausstellung, in: Kunst für Alle, Wien, 1912
Breicha/Fritsch, 1964
Otto Breicha, Gerhard Fritsch, Finale und Auftakt: Wien 1898–1914: Literatur, Bildende Kunst, Musik, Salzburg, 1964
Breicha, 1978
Otto Breicha (Hg.), Gustav Klimt, Die goldene Pforte. Werk, Wesen, Wirkung, Bilder und Schriften zu Leben und Werk, Salzburg, 1978
Breicha, 1988
Otto Breicha (Hg.), Herbert Boeckl. Das Spätwerk – Bilder nach 1945, Graz 1988
Breicha, 1991
Otto Breicha, Richard Gerstl – Bilder zur Person, Salzburg, 1991
Breicha, 1993
Otto Breicha, Gerstl und Schönberg – Eine Beschreibung, Salzburg, 1993
Brüssel/Klagenfurt,
Österreichischer Expressionismus, Malerei und Graphik 1905–1925, Brüssel, Klagenfurt, 1998/1999
Bühne, Welt und Mode,
Arthur Roessler, Egon Schiele: Zu den Gedächtnisausstellungen 1928 im Hagenbund und in der Neuen Galerie, in: Bühne, Welt und Mode, Nr. 158, 1928, S. 546–550
Clair, 1986
Jean Clair (Hg.), Vienne 1880–1938, L'Apocalypse Joyeuse, Paris, 1986
Comini, 1973
Alessandra Comini, Schiele in Prison, Greenwich (Conn.), New York, 1973
Comini, 1974
Alessandra Comini, Egon Schiele's Portraits, Berkeley, 1974
Comini, 1976
Alessandra Comini, Egon Schiele, New York, 1976
Comini, 1978
Alessandra Comini, The Fantastic Art of Vienna, New York, 1978
Corot, 1996
Camille Corot, Corot, Courbet und die Maler von Barbizon, Haus der Kunst München, Christoph Heilmann (Hg.), München, 1996
Dichand, 1986
Hans Dichand, Die Künstler der klassischen Moderne in Österreich, Graz, 1986
Dobai, 1983
Johannes Dobai, Egon Schieles Jüngling vor Gottvater kniend, in: Jahrbuch des Schweizerischen Instituts für Kunstwissenschaft (1968/69), S. 53–68
Dube, 1983
Wolf-Dieter Dube, Expressionists and Expressionism, Genf, 1983
Dufour, 1993
Philippe Dufour, Egon Schiele, Oeuvres sur Papier, Monaco, 1993
Echte, 1995
Bernhard Echte (Hg.), Max Oppenheimer (MOPP) 1885–1954, Gemälde und Grafiken, Baden, 1995
Egger-Lienz/Sotriffer,
Ila Egger-Lienz, Kristian Sotriffer, Albin Egger-Lienz, 1996, Innsbruck, 1996, S. 194–200
Ehrenstrasser, 1993
Eva Ehrenstrasser, Richard Gerstl. Eine stilkritische Studie seines malerischen Werks, Mag. phil., Wien, 1993
Ellersdorfer, 1991
Cornelia Ellersdorfer, Das »verkannte Genie Richard Gerstl«, Analyse seiner Sonderstellung im österreichischen Frühexpressionismus anhand seiner bekannteren Porträts, Mag. phil., Graz, 1991
Eschenburg, 1995
Barbara Eschenburg, Der Kampf der Geschlechter, Helmut Friedel (Hg.), Köln, München, 1995
Faistauer, 1923
Anton Faistauer, Neue Malerei in Österreich, Betrachtungen eines Malers, Zürich, Leipzig, Wien, 1923
Fässler, 1994
Doris Fässler, in: Max Oppenheimer (MOPP) 1885–1954, Wien, 1994
Fenz, 1984
Werner Fenz, Kolo Moser, Internationaler Jugendstil und Wiener Secession, Salzburg, 1984

Feuchtmüller, 1996
Rupert Feuchtmüller, Ferdinand Georg Waldmüller, Wien, München, 1996
Fischel, 1994
Hartwig Fischel, Egon Schiele, in: Kunst und Kunsthandwerk – Monatsschrift des K. u. k. Österreichischen Museums für Kunst und Industrie, 21. Jg., Wien, 1918, S. 152–53
Fischer, 1994
Wolfgang G. Fischer, Egon Schiele 1890–1918, Pantomimen der Lust, Visionen der Sterblichkeit, Köln, 1994
Fournier, 1992
Jean-Francois Fournier, Egon Schiele, La décadence de Vienne, 1890–1918, Ed. Jean-Claude Lattès, 1992
Frankl, 1999
Gerhart Frankl (1901–1965), Österreichische Galerie, Wien, 1999
Friesenbiller, 1985
Elfriede Friesenbiller (Hg.), Egon Schiele, Ich ewiges Kind: Gedichte, München, Wien, 1985
Frodl, 1976
Gerbert Frodl, Herbert Boeckl mit Werkverzeichnis der Gemälde von Leonore Boeckl, Salzburg, 1976
Frodl/Schröder, 1992
Herbert Frodl, Klaus Albrecht Schröder, »Wiener Biedermeier«, Malerei zwischen Wiener Kongreß und Revolution, München, 1992, S.46–531v dcx
Fuchs, 1991
Rainer Fuchs, Apologie und Diffamierung des österreichischen Expressionismus, Wien, Köln, 1991
Fuhrmann, 1972
Franz Fuhrmann, Anton Faistauer, 1887–1930, mit einem Werkverzeichnis der Gemälde, Salzburg, 1972
Gerstl, 1983/84
Richard Gerstl (1883–1908), Historisches Museum der Stadt Wien, Wien, 1983/1984
Giese, 1993
Herbert Giese, August von Pettenkofen, Jedes Bild muß etwas Zukendes haben, in: Parnass, 3/1993, S. 40–47
Giese, 1993
Herbert Giese, Farbe, Ausdruck und Erzählung, Eine Verbeugung vor Josef Dobrowsky, in: Parnass, 13/1993, S. 30
Giese, 1995
Herbert Giese, Eugen Jettel, Die Poesie des Stillen, in: Parnass, 2/1995
Giese, 1996
Herbert Giese, Rudolf Ribarz, Von der Wirklichkeit der Welt, in: Parnass, 2/1996, S. 30–37
Giese, 1998
Herbert Giese, Rudolf von Alt, Die Welt aus Wasser und Farbe, in: Parnass, 3/1998, S. 64–73
Gordon, 1987
Donald E. Gordon, Expressionism: Art and Idea, New Haven, 1987
Gradisch/Nebehay, 1979
Norbert Gradisch, Christian M. Nebehay, Zur Erinnerung an Melanie Schuster-Schiele, Wien, 1979
Grassegger, 1997
Friedrich Grassegger, Anton Hanak und das Rote Wien, in: Sabine Aggermann-Bellenberg, Anton Hanak, Wien, 1997
Graz, 1985
Akademische Druck- und Verlagsanstalt, Graz, 1985 und 1986, Egon Schiele: Blätter aus Privatbesitz, Graz, 1985 (Teil 1), 1986 (Teil 2)
Graz, 1997
Im Hochsommer der Kunst 1890–1925, Landesmuseum Joanneum, Graz, 1997
Grimschitz, 1960
Bruno G. Grimschitz, Ars Austriae, Wien, 1960
Gütersloh, 1911
Albert Paris von Gütersloh, Egon Schiele, Versuch einer Vorrede, Wien, 1911 (wiederabgedruckt in: In Memoriam Egon Schiele, hg. von A. Roessler, Wien, 1921, S. 24–29)
Hassfurther, 1979
Österreichische Kunst 1880-1945, Verkaufsausstellung und Versteigerung in der Secession, Wien, 1979
Hatler, 1955
J. Hatler, Gustav Klimt, ein Wiener Maler des Jugendstils, ungedruckte Dissertation, Universität Graz, 1955
Henker/März, 2001
Katharina Henker, Roland März (Hg.), Der Potsdamer Platz, Ernst Ludwig Kirchner und der Untergang Preußens, Nationalgalerie Berlin, 2001
Hertlein, 1967
Edgar Hertlein, Frühe Zeichnungen von Egon Schiele, in: Alte und moderne Kunst, Nr. 95, 1967, S. 32–41
Hobhouse, 1988
Janet Hobhouse, The Bride Stripped Bare, London, 1988
Hofmann, 1964
Werner Hofmann, Moderne Malerei in Österreich, Wien, 1964
Hofmann, 1968
Werner Hofmann, Egon Schiele, Die Familie, Stuttgart, 1968
Hofmann, 1978
Werner Hofmann, Egon Schiele, Alles ist lebend tod, in: Art, Das Kunstmagazin, 10/1978, S. 28–50
Hörmann, 1980
Theodor von Hörmann 1840–1895, Tiroler Landesmuseum Ferdinandeum, Innsbruck 1995
Innsbruck, 1998
MenschenBilder, Egon Schiele und seine Zeit, Tiroler Landesmuseum Ferdinandeum, Innsbruck, Köln, DuMont, 1998
Johnston, 1980
William M. Johnston, Vienna, New York, 1980
Kaiser, 1958
Konrad Kaiser, Romantik und Realismus in Österreich, Sammlung Georg Schäfer, Schweinfurt, 1968
Kallir, 1966
Otto Kallir (Nirenstein), Egon Schiele, Oeuvre Catalogue of the Paintings, New York, Wien, 1933, 1966
Kallir, 1970
Otto Kallir (Nirenstein) Egon Schiele: The Graphic Work, New York, 1970
Kallir, 1981
Jane Kallir, Austria's Expressionism, New York, 1981
Kallir, 1990
Jane Kallir, Egon Schiele, The Complete Work, New York, 1990
Karpfen, 1921
Fritz Karpfen (Hg.), Das Egon Schiele Buch, Wien, 1921
Karpfen, 1923
Fritz Karpfen, Österreichische Kunst, Wien, 1923
Kirschl, 1996
Wilfried Kirschl, Albin Egger-Lienz, 1868–1926, Das Gesamtwerk, Band 1, Band 2, Wien, 1996
Köller, 1965
E. Köller, Moderne Kunst in Österreich, Wien, 1965
Kokoschka, 1996
Kokoschka und Dresden, Staatliche Kunstsammlungen, Dresden, Österreichische Galerie, Wien, Leipzig, 1996
Kokoschka, 1997
Kokoschka und Wien, Österreichische Galerie, Wien, 1997

Koschatzky, 1968
Walter Koschatzky (Hg.), Egon Schiele, Aquarelle und Zeichnungen, Salzburg, 1968
Koschatzky, 1976
Walter Koschatzky, Rudolf von Alt 1812–1905, Salzburg, 1976
Koschatzky, 1987
Walter Koschatzky, Österreichische Aquarellmalerei 1750–1900, Wien 1987
Kubin, 1999
Annegret Hoberg, Alfred Kubin, Das lithographische Werk, München, 1999
Kuchling, 1982
Heimo Kuchling, Egon Schiele und sein Kreis, Ramerding, 1982
Künstler, 1946
Gustav Künstler, Egon Schiele als Graphiker, Wien, 1946
Kury, 2000
Astrid Kury, Heiligenscheine eines elektronischen Jahrhundertendes sehen anders aus ... Okkultismus und die Kunst der Wiener Moderne, Wien, 2000
Lachnit, 1998
Edwin Lachnit, Ringen mit dem Engel, Franz Wiegele, Anton Kolig, Sebastian Isepp, Gerhard Frankl, Wien, 1998
Lampert, 1975
Wolfgang Lampert, Egon Schieles Wiener Zeit, seine Ateliers und seine Begegnungen, in: Alte und moderne Kunst, Nr. 140, 1975, S. 33–35
Leopold, 1959
Rudolf Leopold, Egon Schiele: Ein Genie aus Österreich, in: BP Querschnitt, 1 Jg., 1959, S. 19–20
Leopold, 1972
Rudolf Leopold, Egon Schiele, Gemälde, Aquarelle, Zeichnungen, Salzburg, 1972
Leopold, 1995
Rudolf Leopold, Egon Schiele, Die Sammlung Leopold, Wien, Köln, 1995
Makart, 1986
Hans Makart und der Historismus in Budapest, Prag und Wien, Schloß Halbturn, 1986
Malafarina, 1982
Gianfranco Malafarina, L'Ôpere di Egon Schiele, Mailand, 1982
Marinovic, 1993
Alexander Marinovic, Zum 75. Todestag des Wiener Expressionisten Egon Schiele: radikal, visionär, illusionslos, in: Kunst und Antiquitäten, München, 1993, Nr. 10, S. 6–7
Milesi, 1954
Richard Milesi, Anton Kolig, 1886–1950, Klagenfurt, 1954
Mitsch, 1961
Erwin Mitsch, Egon Schiele: Zeichnungen und Aquarelle, Salzburg, 1961
Mitsch, 1974
Erwin Mitsch, Egon Schiele, 1890–1918, Salzburg, 1974
Mizue, 1969
Egon Schiele, in: Mizue, Nr. 776, Sept. 1969, S. 1–35
Mizue, 1977
Egon Schiele, in: Mizue, Nr. 870, Sept. 1977, S. 6–51
Moeller, 2000
M. M. Moeller (Hg.), Die großen Expressionisten, Meisterwerke und Künstlerleben, Köln, 2000
Natter, 1993
Tobias Natter, Die verlorene Moderne. Der Künstlerbund Hagen 1900–1938, Österreichische Galerie im Schloß Halbturn, 1993
Natter, 1996
Tobias Natter (Hg.), Die Landschaftsmalerin Tina Blau, 1845–1916, Jüdisches Museum der Stadt Wien, Wien, 1996
Nebehay, 1969
Christian M. Nebehay (Hg.), Gustav Klimt Dokumentation, Wien, 1969
Nebehay, 1979
Christian M. Nebehay, Egon Schiele, 1890–1918, Leben, Briefe, Gedichte, Salzburg, Wien, 1979
Nebehay, 1989
Christian M. Nebehay, Egon Schiele: Von der Skizze zum Bild, München, Wien, 1989
Nebehay, 1992
Christian M. Nebehay, Von der Zeichnung zum Bild, Wien, 1992
Novotny/Dobai, 1967
Fritz Novotny, Josef Dobai, Gustav Klimt, Salzburg, 1967
Oberhuber, 1979
Oswald Oberhuber, Kolo Mosers Malerei als Möglichkeit einer neuen Formulierung des Klassischen, in: Koloman Moser, 1868-1918, Hochschule für angewandte Kunst, Wien 1979, S. 229f
Oberhuber, 1984
Oswald Oberhuber, Abbild und Emotion – Österreichischer Realismus 1914–1944, Österreichisches Museum für angewandte Kunst, Wien 1984
Oberhuber, 1985
Oswald Oberhuber, Die Vertreibung des Geistigen aus Österreich. Zur Kulturpolitik des Nationalsozialismus, Wien, 1985
Oppenheimer, 1938
Max Oppenheimer, Menschen finden ihren Maler, Zürich, 1938
Oppenheimer, 1995
Max Oppenheimer (MOPP) 1885–1954, Gemälde und Graphiken, Baden, 1995
Patka, 1986
Erika Patka (Hg.), Oskar Kokoschka, Wien, 1986
Pirchan, 1942
E. Pirchan, Gustav Klimt, ein Künstler aus Wien, Wien, Leipzig, 1942
Pirchan, 1956
E. Pirchan, Gustav Klimt, Wien, 1956
Plank, 1991
Hans Plank, Klimt, Schiele, Kokoschka, Expressionismus in Österreich, Kirchdorf/Inn, 1991
Puttkamer, 1999
Marie-Agnes Puttkamer, Max Oppenheimer – MOPP (1885–1954). Leben und malerisches Werk mit einem Werkverzeichnis der Gemälde, Wien, Köln, Weimar, 1999
Reisner, 1960
Jakob Reisner, Zum zeichnerischen Werk des Österreichers Egon Schiele, in: Beiträge zur Kunstgeschichte. Eine Festgabe für Heinz Rudolf Rosemann, Ernst Guldan (Hg.), München, 1960
Roessler, 1918
Arthur Roessler, Kritische Fragmente, Aufsätze über österreichische Neukünstler, Wien, 1918
Roessler, 1921
Arthur Roessler, Rudolf von Alt, Leipzig, 1921
Roessler, 1928
Arthur Roessler, Egon Schiele, in: Der neue Pflug, 3 Jg., Nr. 11, 1928
Roessler, 1948
Arthur Roessler, Erinnerungen an Egon Schiele, Marginalien zur Geschichte des Menschentums eines Künstlers, Wien, 1922, 1948
Rohrmoser, 1987
Albin Rohrmoser, Anton Faistauer 1887–1930, Salzburg, 1987
Sabarsky, 1988
Oskar Kokoschka 1886 bis 1980, ausgewählt und organisiert von Serge Sabarsky, Museu Picasso, Barcelona, 1988
Sailer, 1975
Anton Sailer, Egon Schiele, in: Die Kunst und das schöne Heim, 1975

Schmidt, 1956
Gerhardt Schmidt, Neue Malerei in Österreich, Wien, 1956
Schmidt/Dalbajewa, 1996
Kokoschka und Dresden, bearbeitet von Werner Schmidt und Birgit Dalbajewa unter Mitarbeit von Ulrich Bischoff, Leipzig, 1996
Schmied, 1979
Wieland Schmied, Nach Klimt: Schriften zur Kunst in Österreich, Salzburg, 1979
Schmieger, 1993
Christiane Schmieger, »Selbst sehen und selbst finden« - Schuch und die Diskussion über die Wahrnehmung im 19. Jahrhundert, Köln, 1993
Schröder, 1990
Klaus Albrecht Schröder, Ferdinand Georg Waldmüller, München, 1990
Schröder, 1992/1993
Albrecht Schröder (Hg.), Evelyn Benesch, Lovis Corinth, Wien, Hannover, 1992/1993
Schröder, 1993
Klaus A. Schröder, Richard Gerstl 1883–1908, Kunstforum Bank Austria, Kunsthaus Zürich, Wien, 1993
Schröder/Szeemann, 1988
Klaus A. Schröder, Harald Szeemann (Hg.), Egon Schiele und seine Zeit aus der Sammlung Leopold, München, Wien, 1988
Schröder/Winkler 1991
Klaus A. Schröder, Johann Winkler (Hg.), Oskar Kokoschka, München, 1991
Schultes, 1992
Lothar Schultes, Vom Biedermeier zum Impressionismus, Die Sammlung Pierer, OÖ Landesmuseum, Linz, 1992, S. 156–157
Schulze, 1995
Sabine Schulze (Hg.), Sehnsucht nach Glück, Wiens Aufbruch in die Moderne, Klimt, Kokoschka, Schiele, Frankfurt am Main, 1995
Schweiger, 1995
Werner Schweiger, Wiener Werkstätte. Kunst und Handwerk 1903–1932, Augsburg, 1995
Senzoku, 1997
Nobujuki Senzoku (Hg.), Österreichische Malerei und Zeichnung von 1900–1930, Sammlung Leopold, Tokyo, 1997
Skreiner, 1979
Wilfried Skreiner (Hg.), Herbert Boeckl 1894–1966, Gemälde, Neue Galerie am Landesmuseum, Graz, 1979
Sotriffer, 1963
Kristian Sotriffer, Malerei und Plastik in Österreich. Von Makart bis Wotruba, Wien, München, 1963
Sotriffer, 1982
Kristian Sotriffer, Das größere Österreich, Wien, 1982
Stoos/Doswald, 1992
Toni Stoos, Christoph Doswald (Hg.), Gustav Klimt, Stuttgart, 1992
Strobl, 1962
Alice Strobl, Gustav Klimt, Zeichnungen und Gemälde, Salzburg, 1962
Strobl, 1980–1984
Alice Strobl, Gustav Klimt, Die Zeichnungen, Band 1–3, Salzburg, 1980–1984
Strobl/Weidinger, 1994
Alice Strobl, Alfred Weidinger, Oskar Kokoschka, Das Frühwerk (1897/98–1917), Zeichnungen und Aquarelle, Wien, 1994
Suppan, 1990
Martin Suppan, Hans Böhler. Leben und Werk, Wien, 1990
Szeemann, 1996
Harald Szeemann, Austria im Rosennetz, hrsg. Von Peter Noever, Gesellschaft für Österreichische Kunst im MAK Wien, Kunsthaus Zürich, 1996
Tully, 1985
Judd Tully, Egon Schiele, in: Horizon, Nr. 10, 1985, S. 20–28
Vergo, 1975
Peter Vergo, Art in Vienna, 1898–1918, London, 1975
Wagner, 1975
Fritz Wagner, Egon Schiele im Münchener Haus der Kunst, in: Alte und moderne Kunst, 1975
Waissenberger, 1985
Robert Waissenberger (Hg.), Traum und Wirklichkeit. Wien 1870–1930, 93. Sonderausstellung des Historischen Museums der Stadt Wien, Künstlerhaus Wien, Wien, 1985
Weiermair, 1968
Peter Weiermair, Egon Schiele, Innsbruck, 1968
Weiermair, 1998
Peter Weiermair (Hg.), Ideal und Wirklichkeit in der Kunst des 20. Jahrhunderts, Zürich, New York, 1998
Weissensteiner, 1995
Friedrich Weissensteiner, Zwischen Idylle und Revolution, Ungewöhnliche Biedermeierporträts, Wien, 1995
Welsch/Wolbert, 1997
Sabine Welsch, Klaus Wolbert, Die Darmstädter Sezession 1919–1997. Die Kunst des Zwanzigsten Jahrhunderts im Spiegel einer Künstlervereinigung, Darmstadt, 1997
Werkner, 1986
Patrick Werkner, Physis und Psyche. Der österreichische Frühexpressionismus, Wien, München, 1986
Werkner, 1994
Patrick Werkner (Hg.), Egon Schiele, Art, Sexuality, and Viennese Modernism, Palo Alto, 1994
Werkner, 1994
Patrick Werkner, Frauenbilder der Wiener Moderne und ihre Rezeption heute, in: Expressionismus in Österreich, Literatur und die Künste, Klaus Armann und Armin A. Wallas (Hg.), Wien, Köln, Weimar, 1994
Whitford, 1979
Frank Whitford, Expressionist Portraits, New York, 1979
Whitford, 1981
Frank Whitford, Egon Schiele, London, 1981
Wien/Evanston, Illinois, 1996
Emigrants and Exiles: A Lost Generation of Austrian Artists in America, 1920–1950, Mary and Leigh Block Gallery, North Western University, Österreichische Galerie, Wien, Evanston, Illinois 1996, S. 303 ff.
Wilson, 1980
Simon Wilson, Egon Schiele, Ithaca, N.Y., 1980
Wingler, 1956
Hans Maria Wingler, Oskar Kokoschka. Das Werk des Malers, Salzburg, 1956
Winkler, Erling 1995
Johann Winkler, Katharina Erling, Oskar Kokoschka. Die Gemälde 1906–1929, Salzburg, 1995
Zembylas, 2000
Tasos Zembylas, Das Subjekt in der Malerei, Anatomie eines sterbenden Mythos, Innsbruck, 2000
Zülow, 1980
Franz von Zülow, 1883–1963, Akademie der bildenden Künste in Wien, Wien, 1980

*Sämtliche Angaben zur Provenienz sind seit April 2001 auf der Homepage des Leopold Museum unter www.leopoldmuseum.org aufgelistet. Die veröffentlichten Ergebnisse entsprechen dem heutigen Wissensstand und werden laufend ergänzt. Hinweise richten Sie bitte an das Leopold Museum, Museumsplatz 1, A-1070 Wien.